Die Lewitz

Ein Lebensraum im Wandel der Zeit

Entwicklungsgeschichte, Flora, Fauna und Tourismus

Inhaltsverzeichnis

Vorwort zur 2. Auflage 5

1. Entstehung und Besiedlung 7

2. Natur- und Landschaftsschutz 21

3. Flora und Fauna 33

3.1. Über die Pflanzenwelt.. 33

3.2. Pilze 41

3.3. Die Entwicklung der Vogelwelt
     im Zusammenhang mit der Veränderung der Landschaft 43

3.4. Die Säugetierfauna 79

3.5. Die Lurche und Kriechtiere 85

3.6. Die Schmetterlinge 89

3.7. Wirbellose Tiere der Gewässer 95

4. Fischerei... 101

5. Die Waldlewitz
    - Kurzer Abriss der Waldentwicklung und Jagd....................................... 105

6. Melioration und Wasserbau 113

7. Landwirtschaft
    - Kurzer Abriss der Entwicklung bis etwa 1945
      Die anschließende Intensivierung 119

8. Kleinpferde „Lewitzer" 127

9. Sagen, Trachten, Baudenkmale 129

10. Der Tourismus - Perspektiven für eine sanfte Entwicklung...................... 137

11. Lewitz - Erinnerungen 159

12. Zeitreise 163

Liebe Leserinnen, liebe Leser,

seit jeher stellt sich die mecklenburgische Einzellandschaft „Lewitz" mit ihrer Ausdehnung von nahezu 10 x 10 Quadratkilometern dem Betrachter als ebener, gering strukturierter und damit zunächst nicht sonderlich attraktiver Naturraum dar. Dieser erste Eindruck täuscht. Das Vorhandensein zahlreicher Fließgewässer, Fischteiche, Wälder und Offenlandbereiche in unterschiedlichsten Kombinationen birgt gerade für den naturinteressierten Besucher viel Interessantes. Aufgrund der ausgedehnten Feuchtwiesen mit hohen Grundwasserständen und einer nur geringen Erschließung sah man die Lewitz Anfang des 20. Jahrhunderts als bedeutendstes Wiesenvogelbrutgebiet in Deutschland an. Bereits 1938 wurden große Teile des Gebietes zum Naturschutzgebiet erklärt. Seitdem hat sich die Bewirtschaftung mehrfach aufgrund veränderter Rahmenbedingungen für die Landwirtschaft und die Fischerei verändert und damit auch die Naturausstattung. Was geblieben ist, ist die Bedeutung der Lewitz als Europäisches Vogelschutzgebiet mit einem bemerkenswerten Reichtum an brütenden, rastenden und überwinternden Vogelarten sowie als Landschaftsschutzgebiet mit eingestreuten Naturschutzgebieten für die landschaftsgebundene Erholung.

Dem Herausgeber dieser Publikation ist es gelungen, mit vielen Einzelbeiträgen die Wechselwirkungen zwischen Nutzung und Schutz des Gebietes zu veranschaulichen und auf Probleme und Chancen für den Erhalt und die Entwicklung hinzuweisen. Möge das Buch eine große Verbreitung finden.

Professor Dr. Wolfgang Methling
Umweltminister
des Landes Mecklenburg-Vorpommern

Vorwort zur 2. Auflage

Vor 50 Jahren war die Lewitz für manche noch eines der ärmsten und rückständigsten Gebiete Mecklenburgs, für andere ein einzigartiges und unschätzbares Refugium für seltene Tiere und Pflanzen in Deutschland, das es zu schützen und zu bewahren galt. Vor 45 Jahren wurde ein erstes Lewitzprojekt zur Umgestaltung der Lewitz in ein intensives Wirtschaftsgebiet gegründet, vor fünf Jahren entstand ein Alternativprojekt, um den rücksichtslosen Umgang mit der Natur zu beenden und eingetretene Schäden nach Möglichkeit zu beheben. Gegensätzlicher können die Betrachtungs- und Handlungsweisen nicht sein und so ist es nicht verwunderlich, dass auch in diesem Buch Widersprüche zwischen Naturschutz und Wirtschaft (Landwirtschaft, Teichwirtschaft) offenbar werden.

Wir zeigen eine Landschaft im Wandel der Zeiten, stellen das Wirken des Menschen und die tiefgreifenden Folgen für die Natur dar. Der Blick in die Vergangenheit soll die Wahrnehmung der Gegenwart schärfen und Gesehenes oder Erlebtes verständlicher machen. Die Entwicklung der Kulturlandschaft „Lewitz" macht deutlich, dass der von vielen Menschen eingeforderte wirtschaftliche Fortschritt von einem bestimmten Zeitpunkt an zum Rückschritt wird, wertvolle Natur für den Menschen unwiederbringlich verloren geht, ohne dass es zur erhofften Wohlstandsmehrung gekommen ist. Aber es sind auch andere Wirtschaftsweisen möglich, die zur Erhaltung der biologischen Vielfalt beitragen und zugleich ästhetisch befriedigen. Dieser ökosystemare Ansatz erfordert einen abgestuften Naturschutz im Natur-, Landschafts- und Vogelschutzgebiet Lewitz und naturschonende Wirtschaftsweisen, wozu auch ein „sanfter Tourismus" zählt.

Ein europäischer Auftrag ist die Errichtung eines zusammenhängenden ökologischen Netzes „Natura 2000". Teile der Lewitz wurden trotz des Vorkommens seltener Arten aus der FFH-Gebietsmeldung des Landes im Jahre 1999 herausgenommen. Hier wurde nicht verstanden, dass sich Bewirtschaftung und angemessener Schutz in den meisten Fällen nicht ausschließen. Möge das Projekt über kurz oder lang zur Verbesserung der ökologischen Kohärenz von Natura 2000 führen. Die Lewitz ist eines der wichtigsten Kerngebiete zur Verwirklichung dieser großartigen europäischen Vision.

Naturschutz, wie ihn der NABU vertritt, ist nicht nur Konservierung eines Zustandes der Natur, sondern dient der Erhaltung einer großen Vielfalt an Pflanzen- und Tierarten in ihren natürlichen Lebensräumen und somit der Lebensqualität des Menschen.

Der NABU Mecklenburg-Vorpommern ist seit 2001 Träger des Lewitzprojektes, das einer nachhaltigen ökologischen Entwicklung der Lewitz verpflichtet ist. Wir haben uns entschlossen, dieses Buch in zweiter Auflage erscheinen zu lassen, damit den Besuchern und Bewohnern der Lewitz ein interessanter und informativer Reisebegleiter zur Verfügung steht.

Ich bedanke mich bei allen an diesem Buchprojekt beteiligten Autoren, insbesondere bei Herrn Burkhard Fellner, dessen Beharrlichkeit die Weiterführung des Lewitzprojektes in Trägerschaft des NABU Mecklenburg-Vorpommern und die Neuauflage des vorliegenden Buches sehr befördert hat.
Wir haben die Hoffnung, dass dieses NABU-Buch viele Leser findet und dazu anregt eine sehenswerte Landschaft zu entdecken, zu erleben und zu genießen.

Prof. Dr. Detlef Czybulka
NABU-Landesvorsitzender MV

1. Entstehung und Besiedlung

Wilhelm Simon und Wiltrud Atzl

Die Lewitz ist eine etwa 12.000 ha große Niederungslandschaft südöstlich von Schwerin zwischen dem Schweriner und Neustädter See.

Der Name dieses Gebietes kommt seinem Charakter sehr entgegen, lässt sich doch das Wort „Lewitz" vom wendischen „lowit" = sammeln ableiten, das aber auch wildreich und jagen bedeuten kann, verwandt dem russischen „lowt" = angeln, am Wasser gelegen.

Historisch gesehen wird unter Lewitz das Gebiet verstanden, das jahrhundertelang, bis 1919, zum Besitz des Großherzogs von Mecklenburg-Schwerin gehörte.

Wie dem gesamten norddeutschen Flach- und Hügelland, so hat besonders die letzte Periode der Eiszeit (nach HURTIG: Das Frankfurter Stadium der Weichselvereisung) auch der Lewitz ihr Gepräge gegeben. Bereits vor der letzten Eiszeit gab es hier eine Senke tektonischen Ursprungs, die auf die Lenkung eiszeitlicher Gletscher Einfluss nahm. In der letzten Zwischeneiszeit war dieses Gebiet noch mit hohen zusammenhängenden Sandern überlagert, die nach der letzten Eiszeit nunmehr durch die von N/NO kommenden riesigen Gletscherwässer wieder ausgespült und geteilt wurden und damit sowohl die heutige Lewitzsenke als auch das südlich und westlich davon gelegene Land frei gaben.

Von der Banzkower Mühle aus, die sich in etwa 25 m Höhe auf dem Westrand über dem Lewitzniveau befindet, hat man eine hervorragende Aussicht über die gesamte Lewitz. Kaum vorstellbar ist, dass hier vor etwa 30.000 Jahren noch eine mehrere hundert Meter mächtige, mit Geröll durchsetzte Eisschicht lagerte, die in den folgenden 10.000 Jahren allmählich abschmolz. Südlich der heutigen mecklenburgischen Hauptendmoränenzüge muss das letzte Eis eine längere Stillstandsperiode, etwa auf der Linie Mueß, Crivitz, Frauenmark, bis zu den Sonnenbergen mit den vorgelagerten Spornitzer Silber- und Spreensbergen gehabt haben.

Die nach S/SW abfließenden Gletscherwässer führten zur Ausbildung der für Südwestmecklenburg typischen Sanderflächen mit nach Süden hin feiner und weicher werdenden Sandablagerungen, die noch heute die fast steinfreien landwirtschaftlichen Nutzflächen im Lewitzrand zwischen Groß Laasch und Sülstorf charakterisieren und in der sogenannten Griesen Gegend bis über Lübtheen hinaus ihre Fortsetzung finden.

Die in Ost-West-Richtung verlaufenden Urstromtäler aber haben wahrscheinlich weit ältere, tektonische Bildungsursachen wie Aufbrüche, Risse und Plattenverschiebungen bei der Erkaltung der Erdkruste. Sie wurden also nicht am Eisrand der letzten Eiszeiten gebildet, sondern in den zwischenzeitlichen Wärmeperioden lediglich als Abflussrinnen Richtung Westen genutzt.

Die etwa 10 - 30 km östlich und nordöstlich der Lewitz liegenden Gebiete sind geologisch jünger und erst vor etwa 17.000 Jahren eisfrei geworden. Hier hat sich über Jahrtausende hinweg eine vegetationslose, äußerst geröll- und steinreiche Grund-, z.T. auch Endmoräne ausgebildet, die sich im sogenannten Südbaltischen Höhenrücken fortsetzt.

Beim weiteren Zurückweichen des Eises nach Norden und Osten flossen riesige Gletscherströme in die Lewitzsenke, von NW aus den Schweriner Seen und der Störrinne, von NO aus der Bielitzrinne, unterstützt von kleineren Schmelz-Wässern aus der Barnin-Settin-Crivitzer-

Senke, südöstlich davon aus dem Raum der jetzigen Orte Friedrichsruhe und Tramm, aus dem Teufelsbach und dem Klinker Mühlbach, dem Damerow-Raduhner Tal und weiter südöstlich besonders aus dem Parchimer Elde-Mundloch.

Durch die tiefen Erosionsrinnen ist der Ostrand der Lewitz besonders deutlich profiliert, vor allem im Bereich des Raben Steinfelder und Gädebehner Forstes, durch z.T. zwei km breite Täler und zwischen Sukow und Göhren durch zungenartige Vorsprünge Richtung Westen. Über Bahlenhüschen und Tramm zieht sich der Rand wieder nach Osten zurück, begrenzt durch Höhen bis zu 70 m über NN, d.h. etwa 35 m über Lewitzniveau. Danach fällt der Rand Richtung Klinken-Matzlow auf < fünf m Höhendifferenz ab. Die starken Einbuchtungen Friedrichsruhe-Klinken sowie Damerow-Raduhn werden als Zuflusstäler nicht mehr zur Lewitz gerechnet, hingegen wird die breite Schneesgrabenbuchtung nördlich von Spornitz (bis Damm und Parchim) als Ur-Eldetal der Lewitz zugeordnet.

Die Abflusswässer Richtung Südost trugen dabei auch voreiszeitliche Erhebungen ab und füllten größere Tiefen auf. Stehen geblieben sind in diesem Jahrtausende andauernden Glättungsprozess u.a. der Banzkower Krügerberg, der Petersberg bei Pinnow, die Höhen um Raben Steinfeld, später, bei abnehmender Abflussmenge und nachlassender Fließgeschwindigkeit, auch viele flache, sandige Inseln, sogenannte Horste, welche in der vegetationslosen Nacheiszeit bis vor ca. 15.000 Jahren noch durch aufgewehte Binnenlanddünen ergänzt wurden. Dazu gehören u.a. der sandige Töpfer-, Schremm- und Eichberg, der Hühnerberg bei Garwitz und der Schultenberg an der Alten Elde, der bis in die 1950er Jahre den Schultenkaten trug (Abb. 1).

Der Lewitzboden weist – wie zahlreiche Bohrungen belegen – zumeist ein geschichtetes Profil auf, ein Beweis dafür, dass es während der unterschiedlichen Klimate zu längeren Sedimentationsperioden gekommen ist. Auch bereits vor der letzten Eiszeit wurde diese Senke wiederholt mit feinen Sedimenten bedeckt und während der letzten Eiszeit wieder bis zum Grunde mit Eis ausgefüllt, das mit Sand in unterschiedlicher Stärke überdeckt war, welcher mit der Schmelze absackte. Im Gegensatz zu den tieferen Seen der Umgebung ist die Lewitzsenke aber nicht durch Toteisbildung entstanden. Der heutige Lewitzgrund ist (GEINITZ, 1914) der Boden eines großen, flachen, angestauten Gewässers, dessen Niveau sich im Mittel etwa 38 m über NN befindet. Im Nordwesten setzt sich die Lewitzsenke relativ scharf gegenüber dem um 10 - 20 m höheren Uferrand ab, der im Gegensatz zum NO/O-Ufer aber keine Erosionsschluchten aufweist.

Die Höhendifferenzen der Steilufer von Consrade-Plate fallen über Mirow-Goldenstädt allmählich ab. Die Gesamtlewitz weist von NW nach SO nur vier m Gefälle aus, mit nach SW wieder ansteigendem Gelände.

Jahrmillionen vor den Eiszeiten, im Geo-Zeitalter Perm, hatten sich über den mächtigen Kalkablagerungen der Meeresfauna Salzsedimente ausgebildet, die im Lewitzgebiet vorwiegend bis in Tiefen von nur 150 m anstehen und noch vor 200 Jahren bergbaulich genutzt wurden. Bei Bohrungen wurden hier riesige Solen entdeckt, die z.T. bereits genutzt werden (Ortsnamen: Sülte, Sülstorf). Hier liegt auch der Ursprung des Neustädter Sees als wahrscheinlich schon voreiszeitlich eingebrochener Salzstock.

Unser heutiges Wissen erlaubt die Vorstellung, dass sich hier am Ende der letzten Eiszeit ein gewaltiger, etwa 220 Quadratkilometer großer See, das ist die doppelte Müritzgröße, befunden hat, auf der Linie Bad Kleinen - Sonnenberge durch eine hohe Eismauer begrenzt. Im SO waren die geringen Erhebungen zwischen Blievenstorf und Neustadt-Glewe die natürliche Staumauer, die sich in einer allmählich breiter und tiefer werdenden Rinne in Richtung Grabow öffnete, woraus resultiert, dass heute das große Gebiet der Schweriner Seen trotz der Nähe zur Ostsee über Stör-Elde-Elbe zur Nordsee entwässert.

In der Nacheiszeit bildete sich zunächst eine niederwüchsige Flora mit hohen Anteilen an Moosen und Flechten aus, die eine starke Humusanreicherung der oberen Schichten zur Folge hatte. Der Niederschlagsreichtum dieser Periode bewirkte eine starke Auswaschung dieser Deckschichten, in Verbindung mit Humussäuren vor allem eine starke Eisenverlagerung in Tiefen von nur 20 bis < 40 cm. Diese Humus-Eisen-Verbindungen haben Mächtigkeiten von 10 bis z.T. > 30 cm erreicht und wurden als Klump oder Klockstein, später als Raseneisenstein, bezeichnet. Schon frühzeitig wurde dieses Erz verhüttet. In Neustadt-Glewe wurde 1544 auf der Basis von Klockstein eine Eisenschmelzhütte errichtet, bald erweitert durch einen Eisen- und Blechhammer. Wallenstein ließ hier Kanonen herstellen und Kugeln gießen. 1717 wurde das Werk geschlossen, nachdem sowohl die größeren Erzvorräte als auch das Heizholz infolge Entwaldung weitgehend aufgebraucht waren. Besondere Bedeutung erhielt Raseneisenstein als Zuschlagstoff bei der Eisenverhüttung.

Klock wurde noch bis in das 19. Jh. hinein als Baustoff verwendet (BOCK, 1987), aber besonders wegen zu geringer Wärmedämmung im 20. Jh. nur noch selten verbaut.

Flache Eisenablagerungen, sogenannter Ortstein, die auf grundwassernahen Böden direkt unter der Pflugsohle anstanden, wurden, weil sie an der Luft schnell zerbröckeln, durch späteres tiefes Pflügen meistens beseitigt. Diese Schichten sind durch jahrtausendelange Einlagerungen nahezu wasserundurchlässig geworden. Dadurch kam es gehäuft zu starker Staunässe solcher Flächen, was zu riskanter bzw. unmöglicher Nutzung führte, so dass sie aus diesem Grunde von den Bauern ausgegraben bzw. später durch Tiefenlockerer aufgebrochen wurden.

Das Lewitzgebiet war vor etwa 10.000 Jahren voll bewaldet. Lärchen und Kiefern besiedelten die sandigen Horste, gefolgt von Birken und Hasel, und vor etwa 8.000 Jahren kamen auch größere Laubgehölze, wie Ulme, Linde, Eiche und Ahorn hinzu; in der Bronzezeit (vor etwa 2.500 Jahren) war vielerorts die Buche bereits Hauptbaumart, auf den Grundwasserböden standen zunächst Erle, Hasel und Birke, später auch Pappeln.

Soweit die Landschaft offen blieb, besiedelten Sandstiefmütterchen, Hasenklee, Spergel, Honiggräser und Hirtentäschel sowie Borstgras die ärmeren Standorte, Schilf, Pfeifengras, Rasenschmiele, Mieren, Simsen, Binsen und Seggen die Grundwasserstandorte, während sich auf den anmoorigen Böden Wiesenrotklee, Weißklee, Wicken und Trespengräser, auch Tausendgüldenkraut, Kuckuckslichtnelken, Wiesenschaumkraut und Glatthafer ausbreiteten. Alle diese Arten haben bis in die heutige Zeit auf den ihnen zusagenden Standorten ihre Dominanz erhalten, sind Charakteristika für die Refugien.

Die große weite Lewitzniederung bot und bietet außerdem einer Vielzahl von Tieren Nahrung und Schutz.

Noch bis in das 19. Jahrhundert hinein gab es in der Zentrallewitz zahlreiche flache Seen, die inzwischen alle verlandet sind, dazwischen einige bis über 10 m tiefe Moore, die wegen ihrer Mächtigkeit die Verlagerung der Autobahn westlich von Goldenstädt erzwangen.

Archäologische Funde belegen, dass in den Lewitzrandgebieten schon vor der letzten Eiszeit, also vor mehr als 50.000 Jahren, zeitweilig nomadisierende Vorfahren lebten. Eine Besiedlung erfolgte jedoch erst nacheiszeitlich, was zahlreiche Funde aus der Mittel- und Jungsteinzeit, aber auch aus der Bronze- und Eisenzeit belegen. Auch während der mittleren Steinzeit (8.000 - 3.000 v. Chr.) war die Lewitz im wesentlichen noch von Wasser und Sumpf bedeckt. Diese Landschaft -große Wasserfläche mit inselartigen Erhebungen, von Wäldern umgeben- bot sich den mittelsteinzeitlichen Menschen geradezu als Siedlungsplatz an. Sie bevorzugten als Jäger, Sammler und Fischer Siedlungsplätze auf der Südseite von markanten

Erhebungen an Gewässern, in der Nähe von Wäldern, auch auf Inseln. Leichter Sandboden lässt Regenwasser schnell versickern. Die Südseite ist aufgrund der Sonneneinstrahlung am wärmsten. Gewässer bieten ausreichend Möglichkeiten zum Fischfang und Wälder Möglichkeiten zum Jagen und Sammeln (SCHULZ, 1961).

Mit der Wende von der Mittel- zur Jungsteinzeit (ca. 3.000 - 1.600 v. Chr.) begann die Bevölkerung Ackerbau und Viehzucht zu betreiben. In der warmtrockenen Klimaperiode, dem Boreal, waren weite Teile der Lewitz ausgetrocknet, und so boten die bewachsenen Moorflächen gute Weidemöglichkeiten (SIMON, 1960).

Zahlreiche Funde steinerner Waffen belegen eine umfangreiche Jagd. Die sandigen und anmoorigen Böden boten gute Voraussetzungen für den beginnenden Ackerbau, nachweislich mit Hirse und Dinkel, ab etwa 1.000 n. Chr. auch Weizen und Gerste.

SCHULTZ, 1961: „Interessant ist nun, wie sich der Siedlungsgang in den verschiedenen Epochen in Abhängigkeit von der Bodenart und dem Stand der Produktivkräfte vollzogen hat. Hierfür bietet der Ostrand der Lewitz zwischen Klinken und Ruthenbeck-Friedrichsruhe ein gutes Beispiel.

Die Verlagerung der Siedlungszentren kann aufgrund der Konzentration vorgeschichtlicher Funde (in der mittleren Steinzeit anhand der Mikrolithen, in der Jungsteinzeit vor allem anhand der Steinwerkzeuge, in der Bronze- und Eisenzeit besonders anhand von Grabanlagen und in der wendischen Zeit besonders anhand der Keramikfunde) genau festgestellt werden.

Als die mittelsteinzeitlichen Menschen sich ausschließlich vom Sammeln pflanzlicher Kost, vom Fischfang und von der Jagd ernährten, hatten sie ihre Wohnstätten am Wasser am Rande der Lewitz sowie auf den Erhöhungen in der Lewitz auf leichtem Sandboden.

Als mit der Wende zur Jungsteinzeit die Bevölkerung zur Landwirtschaft überging, wurde nunmehr auch der bessere Boden, der entfernt von den großen Wasserflächen lag, besiedelt. Als Zeugen jener Zeit stehen in Neu Ruthenbeck der Düwelsbackaben (Abb. 2), in Frauenmark der Langdolmen und andere Bodendenkmäler sowie in Domsühl Reste von Riesensteingräbern. Von dem Ackerbau der damaligen Zeit zeugen die gefundenen steinernen Getreidemühlen. Für die Viehzucht in der Jungsteinzeit bot die aufgrund der damaligen Klimaperiode trockengelegte Lewitz gute Weidemöglichkeiten. In der Bronzezeit wurde anfangs ebenfalls zum überwiegenden Teil der gute Boden besiedelt. Als jedoch die Bevölkerung immer mehr anwuchs – dieses ist aus der Zahl der Grabanlagen zu ersehen – musste auf die wenigen sandigen Böden zurückgegriffen werden, die dann der Besiedlung dienten. Am Ende der Bronzezeit wurde sogar leichtester Sandboden zwischen Raduhn und Alt Dammerow wieder besiedelt, der schon in der mittleren Steinzeit den Bewohnern als Siedlungsplatz gedient hatte.

Aus der Bronze- (1.600 - 600 v. Chr.) und Eisenzeit (600 v. Chr. - 600 n. Chr.) liegen aus dem Randgebiet der Lewitz sehr viele Funde vor, dagegen aus dem Lewitzkerngebiet nur sehr wenige. Dies ist wohl darauf zurückzuführen, dass meistens die metallenen Geräte durch die Moorsäure zersetzt wurden. Einer der bedeutendsten Funde Mecklenburgs aus der Bronzezeit, der berühmte goldene Wagen von Peckatel, stammt aus dem nördlichen Lewitzrand. Am bedeutendsten war jedoch die bronzezeitliche Besiedelung im nordostwärtigen Lewitzrandgebiet. SCHLIE bezeichnete die Feldmark von Hof und Dorf Friedrichsruhe, die sich bis zum Klinker Mühlenbach erstreckte, als die an vorgeschichtlichen Erscheinungen reichste im ganzen Lande. Auf einer Länge von drei km, einer Breite von 1,5 km waren die Hügelgräber der Bronzezeit konzentriert. Hiervon sind heute lediglich 65 Gräber in der Friedrichsruher Forst erhalten".

Im Unterschied zu den bronzenen Werkzeugen und Geräten, deren Ausgangsmaterialien eingeführt werden mussten, kam es in der Eisenzeit vor Ort zur Verhüttung einheimischen

Raseneisensteins und zur lokalen Herstellung einfacher land- und hauswirtschaftlicher Gebrauchsgüter.

Die Bevölkerung wuchs so stark an, dass der Nahrungsraum aufgrund der extensiven Bewirtschaftung trotz vieler Waldrodungen nicht mehr ausreichte. Als die klassische Zeit der Völkerwanderung Ende des 4. Jh. n. Chr. begann, verließen die in diesem Raum lebenden germanischen Stämme (u.a. Teutonen aus dem Stamm der Kimbern) dieses Siedlungsgebiet. Danach war auch dieses Areal nahezu menschenleer. Vermutlich ab dem 6. Jh. wanderte von Osten aus den russisch-ukrainischen Pribjetsumpfgebieten der slawische Stamm der Obotriten ein. „Um 500 v. Chr. setzte das subatlantische, also unser heutiges Klima ein. Dieses hatte zur Folge, dass die Lewitz versumpfte und teilweise von einem Bruchwald bedeckt wurde. Diese Landschaft war für die nach der Abwanderung der germanischen Stämme eingewanderten Wenden ein bevorzugtes Siedlungsgebiet. Vielfach konnte an den selben Orten, an denen sich mittelsteinzeitliche Siedlungen befanden, auch wendische Keramik gefunden werden, die auf wendische Siedlungsplätze schließen lässt" (SCHULTZ, 1961).

In der Wendenzeit befanden sich die Siedlungen wiederum bevorzugt an den Orten, die bereits zur Mittelsteinzeit bewohnt waren. Die Wenden liebten Siedlungsplätze auf Hügeln, am Rande von Gewässern und Sümpfen. Sie waren Meister in der Nutzung der unwegsamen Sümpfe für ihre Verteidigung, indem sie Burgwälle (Brenz) und kilometerlange Fluchtwege durch das Moor anlegten. Typisch für wendische Befestigungen waren auch in etwa ein m Tiefe im Wasser liegende, von außen unsichtbare Bohlenpfade.

SCHULTZ, 1961: „Die Lewitz war für die wendische Wirtschaftsweise geradezu prädestiniert. In diesem Gebiet, das sich ausgezeichnet für die überwiegend auf Viehhaltung beruhende wendische Wirtschaft eignete, erhielten sich die wendischen Dörfer noch Jahrhunderte nach der deutschen Besiedlung des Landes im 12. Jahrhundert. Viele Flurnamen, wie z.B. Nemersdorf und Wendfeld am Klinker Holz, künden noch heute von untergegangenen wendischen Dörfern." Alle hier auf ..ow, ..storf und ..itz endenden Ortschaften in diesem Gebiet sollen wendischen Ursprungs sein.

Zeugen aus dieser Zeit sind am Lewitzrand liegende Burgwälle, die jedoch in den über 400 Jahre währenden Kämpfen zwischen Wenden, Dänen und Niedersachsen um die Herrschaft an der Ostsee weitgehend zerstört wurden. Auch unter dem letzten selbständigen Obotritenfürsten Niklot kam es zu blutigen Kriegen mit dem Sachsenherzog Heinrich dem Löwen. Niklots Tod (1160) leitete den Zusammenbruch des obotritischen Widerstandes ein.

In dem Buch „Mecklenburg – Werden und Sein eines Gaus" lesen wir: „Als im Westen Deutschlands die Landnot wuchs und durch Heinrich dem Löwen die slawische Macht vernichtet wurde, begannen Scharen deutscher Bauern nach Mecklenburg zu ziehen. Schon Ende des 12. Jahrhunderts war das Land bis zum Schweriner See gleichsam eine Kolonie Sachsens geworden. Kaum 50 Jahre später war das ganze Land bis nach Vorpommern hinein mit einem Netz deutscher Dörfer überzogen. Der deutsche Bauer hatte die großen Laubwälder gerodet und sich zum Herrn des mecklenburgischen Bodens gemacht" (CRULL, 1938).

Dennoch kam es trotz der zum Teil erbitterten Kämpfe im Vorfeld der deutschen Siedlungen zu keiner Ausrottung der slawischen Bevölkerung. Die Wenden blieben, es gab bis ins 19. Jahrhundert in den südlichen (ärmeren) Lewitzdörfern noch wendisch sprechende Teile der Bevölkerung.

Die Entstehung fast aller Lewitzdörfer dürfte in der 2. Hälfte des 12. oder Anfang des 13. Jahrhunderts erfolgt sein; Ersterwähnung der Orte: 1191 Plate, 1265 Consrade, Pinnow, 1270 Mirow, 1282 Göhren und Mueß, 1300 Banzkow und Spornitz (FUNK, 1991).

Die deutschen Bauern vorwiegend aus Westfalen, Niedersachsen und Holstein waren persönlich frei, aber sie unterstanden landesherrlicher Gerichts-, Steuer- und Diensthoheit und mehr und mehr auch grundherrlichen Befugnissen. Oberster Grundherr war der Landesfürst, der jedoch mit dem Aufschwung der Stände an Ritter, Geistliche und Bauern, später auch an Städte Grund und Boden als Lehen vergab.

Die Macht der Ritterschaft wuchs, waren doch die kriegerischen mecklenburgischen Fürsten und Herzöge des 14./15. Jahrhunderts immer wieder auf die Ritter als Vasallen angewiesen. So erhielten diese wichtige Ämter und Ansprüche auf ehedem landesherrliche Rechte, wie Gerichtsbarkeit, Steuern, Kirchenpatronat und Dienstleistungen. Diese wiederum belehnten ihre Bauern und Hintersassen, so dass es im 16. Jahrhundert im Lewitzgebiet unfreie Domanial-, Ritterschafts-, Kloster- und Kämmereibauern gab. Mit der Übergabe der Gerichtsbarkeit waren sie der uneingeschränkten Willkür der Ritter und Grundherren ausgesetzt. Die von den für die deutsche Besiedlung zuständigen Herrschern zugesagte relative Freiheit der Lewitzbauern war also nicht von Dauer. Zu dem Münzpfennig des Grafen von Schwerin kamen Rauchhühner, Ostereier, Schneidelschweine, außerdem Arbeits- und Kriegsdienstleistungen. Form und Umfang der Abgaben wurden immer erdrückender.

Die Gräuel und Leiden des Dreißigjährigen Krieges begannen hier erst um 1630 mit dem Ende der Wallensteinschen Besetzung, mit der verfallenen Moral der Truppen Tillys, später der Dänen und Schweden. E. BOLL schreibt in „Geschichte Mecklenburgs" 1856: „Der General Tilly hatte sich durch seine verunglückten Angriffe auf Güstrow und Rostock inzwischen davon überzeugt, daß mit dem zusammengelaufenen, undisziplinierten und kaum bewaffneten Gesindel regulären Truppen gegenüber nichts auszurichten sei, und er war daher von Rostock aus südwärts über Parchim in die Lewitz gezogen, um sich nach Schwerin zu retirieren. Bevor er aber letzteres bewerkstelligen konnte, wurde er am 1. Oktober in jener Stellung rings von den lüneburgischen Truppen eingeschlossen. Die Bürger und Bauern, die er bei sich gehabt hatte, waren schon vorher alle davongelaufen, und auch von seinen Soldaten waren mehr als die Hälfte desertiert. Da ein Widerstand hierdurch unmöglich geworden war, sah er sich genötigt, noch an jenem Tage vor dem Oberstleutnant Harlingen die Waffen zu strecken".

Weit über die Hälfte der Bevölkerung war in den Kriegswirren oder durch die Pest umgekommen, ganze Dörfer wurden ausgerottet, Flurnamen und Funde bezeugen dies noch. Auf der Spornitzer „Dörpstäd" konnten wir beim Pflügen noch sehr gut die dunkel gefärbten Grundrisse von Häusern des ehemaligen Dorfes Voddow/Votov erkennen.

Der Frieden war mit dem Westfälischen Friedensvertrag 1648 offiziell wieder hergestellt, aber die Zustände waren nicht besser als zu Kriegszeiten.

Als Durchmarschgebiet der Truppen war Mecklenburg eines der am stärksten vom Dreißigjährigen Krieg betroffenen Länder. Die Dörfer waren zerstört und zum Teil verlassen, fehlendes Nutz- und Zugvieh erschwerte Lebenshaltung und Ackerbau, zudem ließen die Adligen die Bauern verstärkt für sich arbeiten. Die Zeit des Bauernlegens als erste gewaltsame, sehr brutale Enteignung setzte ein und damit der Beginn der mecklenburgischen Güter.

In der Gemeinde- und Bauernordnung von 1645 wird erstmalig das Wort „leibeigen" gebraucht. Formal wurde die Leibeigenschaft (man lese F. REUTER „Kein Hüsing") mit dem Dekret vom 18. Januar 1820 aufgehoben, doch betraf dies zunächst nur die Bauern selbst, während die Kossäten, Häusler und Tagelöhner diese Freiheit zunächst kaum empfinden konnten.

„Als der mecklenburgische Herzog in seinem Machtkampf gegen die Ritterschaft versuchte, die ihnen verliehenen Rechte zurückzuerlangen, spielte er die Bauern gegen die Ritterschaft

aus. Begeistert erhoben sich 1730 die Crivitzer Bürger und Ackerbürger sowie insbesondere die Bauern aus Klinken und Umgebung gegen die von der Ritterschaft ins Land gerufenen hannoverschen Reichsexekutionstruppen. Die Bauern erhofften eine Verbesserung ihrer Lage. Am 21. Juni 1730 fand am Rande der Lewitz bei Banzkow und Goldenstädt der ungleiche Kampf des mit Sensen und Piken bewaffneten Bauern- und Landstadtbürgeraufgebotes gegen die gut ausgerüsteten und kriegserfahrenen Truppen statt. Es war unvermeidlich, daß dieser einzige Bauernaufstand in Mecklenburg, wie man ihn nannte, niedergeschlagen wurde" (Schultz, 1957).

Nach langen Kämpfen wurde 1755 der landesgrundsätzliche Erbvergleich unterzeichnet. Auch hier setzte sich die wirtschaftliche und politische Stärke besonders der Ritterschaft durch und verhinderte, im Gegensatz zu anderen Staaten, die Durchsetzung des territorialen Absolutismus.

Das Bauernlegen, vor allem im ritterschaftlichen Mecklenburg, hatte seinen Höhepunkt in der Mitte des 18. Jh., als viele Bauern und sogar ganze Dörfer, ihre Selbständigkeit verloren.

Die Bauern wurden zu Gutstagelöhnern degradiert oder zugunsten der fürstlichen oder adligen Kassen als Söldner verkauft bzw. brutal von Häschern aufgegriffen und u.a. in den Nordischen Kriegen (um 1712), im Siebenjährigen Krieg (1756-63), auch in den Amerikanischen und später Napoleonischen Befreiungskriegen als besonders „tapfer und gehorsam" geschätzt; auch das gehört zur Geschichte der Lewitzbauern. Die Rückkehr eines unter Napoleon zwangsverpflichteten Spornitzer Bauernsohnes nach vierzig Jahren soll hier als typisch dokumentiert werden. Etwa 1.300 mecklenburgische Söhne wurden 1812 in die französische Armee gepresst; sie flohen heillos aus dem brennenden Moskau, von den russischen Truppen unter Marschall Kutusow gejagt, bis an die eisüberfrorene Beresina, alle Brücken waren zerstört, viele ertranken.

Plattdeutsches Gedicht: Taurüch na Spornitz (siehe Anhang, aus: Willem vertellt, W. SIMON, Band III, S. 83 ff)

Nach der Niederlage der preußischen Armee 1806 gegen Napoleon kam es in Mecklenburg zu Gefechten mit den sich zurückziehenden Truppen unter Blücher. Nach dessen Kapitulation bei Lübeck wurde das Land besetzt. Die französischen Truppen zerstörten und plünderten wahllos in den Dörfern. 1808 trat Mecklenburg dem Rheinbund mit einem Truppenkontingent bei. Der Rekrutierung entzogen sich viele junge Mecklenburger durch Flucht ins Ausland.

Die Zeit der napoleonischen Fremdherrschaft diente Fritz Reuter als Vorlage für den Roman „Ut de Franzosentied". An die Befreiungskriege, insbesondere die Lützower Jäger unter Theodor Körner, erinnert eine Gedenkstätte in Wöbbelin.

Mit der Aufhebung der Leibeigenschaft in der 1. Hälfte des 19. Jahrhunderts bildeten sich in den Dominialdörfern der mecklenburgischen Fürsten, also rund um die Lewitz, neue Wirtschaftsformen, zunächst sogenannte Büdnereien (mit einer „Bude" und 8-12 ha Eigenland), knapp zur Selbstversorgung ausreichend, ab 1848 Häuslerein, die maximal 99 QR (Ruten, Quadratruten = 1.910 m^2) Eigentum und ein Haus mit Garten besitzen durften. Sie ernährten ihre Besitzer jedoch nicht. Sie mussten sich einen Nebenverdienst als Tagelöhner oder Arbeiter suchen. Gelang das nicht, d.h. fanden sie keine Arbeit oder „Hüsung", drohte oft der endgültige soziale Abstieg. Die Ritterschaft missbrauchte oft ihr Recht zur Kündigung der Tagelöhner in schlechten Zeiten. Das führte in der 1. Hälfte des 19. Jahrhunderts zu Protestversammlungen und Verzweiflungstaten vieler Tagelöhner, auch der „nach"-geborenen, also nichterbenden Bauernsöhne und endete zunehmend mit der Auswanderung derselben.

Auf die revolutionären Ereignisse 1848 in Berlin reagierte die mecklenburgische Bevölkerung mit einer antifeudalen Bewegung, auf dem Lande kam es zu Massenaktionen. Die ländlichen Aufstände wurden jedoch niedergeschlagen.

Um die Mitte des 19. Jahrhunderts wurden die Lewitzbauern durch den bisherigen Eigentümer, den Großherzog Friedrich Franz II. von Mecklenburg-Schwerin, als „Erbpächter" eingesetzt, zudem wurden ihnen ca. 4.000 ha großherzogliches Grünland am Lewitzrand zur Nutzung überlassen. Im Grundsatz bemühte sich der Großherzog, in Mecklenburg einen unabhängigen Bauernstand auf ausreichender Existenzgrundlage zu erhalten. Aber bei der Überführung in die Erbpacht waren Gebäude und Inventar zu kaufen, ein Erbstandgeld und die Erbpacht, die fortan als Canon bezeichnet wurde, zu zahlen, auch um die Finanzmisere am üppigen großherzoglichen Hof zu reduzieren. Die Erbpacht blieb bis in die Weimarer Republik erhalten, Reste haben sich sogar bis nach 1945 erhalten, auch wenn sich die Erbpächter ab 1918 Hofbesitzer nennen durften.

Anhang
Wilhelm Simon

Taurüch na Spornitz

Is hunnertsössdig Johr all her,
as Größing sülfst 'n Kind noch wier.
Sei harr dat noch seihn, dat wier wie'n Wunner,
ein Mann slöpt sick de Dörpstraat runner,
zerlumpt - un hager sien Gesicht,
kein ein in' Dörp, de kennt em nich.
Kein Wurd för em, kein Blick, kein Gruß;
alls kem em frömd; wier dit tau Hus?

Un endlich - för de grote Dör
sitt ne oll Fru mi grieset Hoor.
Dei sitt dor oft, kickt upp dat Puert
un männichmal hett's stillweg rohrt.

Sei harr ok hüt iehr Hänn in'n Schot.
Dei birrt hei üm ein lütt Stück Brot.
Sei kickt nu hoch - de Oog wiet sparrt,
so gaud hüert blots'n Mudderhart.

Nu lött sei upp de Knei sick nedder,
„Heff Dank, o Herr, nu heff'k em wedder".
Un denn is't still wordn dor an't Puert,
dat Wedderseihn hett lang lang duert.

„O Gott, mien Jung, di heff ick nu,
dien Bräuder sünd all lang tau Ruh,
uns' Krischan, Paul un ok Jehann,
dei hebbn den Krieg nich œwerstahn,
ok Dürten, Trien un lütt Marie....
un ick bün säker bald dorbi.

Blots Vadder läft noch, old un krank,
noch hebbn wi beid und, Gott sei Dank.
Kumm rin, du mößt dien' Namen nennen,
denn ward hei di woll sacht noch kenn.

Dien Braudersœhn un Line Swank,
dei holln hier Hus un Hoff in gang."
Hei wischt de Tranen von sien Snut,
un denn, denn schütt dat ut em rut:

„Napoleon, dei hett mi nahmn,
so bün ick bett na Moskau kamn,
taurüch sünd väl von uns verreckt,
mi hett ein Buer ut't Wader treckt.
Ick höll mi wiss an't Brückenholt -
de Beresina wier so kolt.

Dor bün ick bläbn, wier as Kind,
sei harrn kein miehr - weg as de Wind.
Dei kregn mi wedder in de Bein
un wiern nu froh, nich miehr allein.

Hier wier ick frie, wier nich miehr Knecht,
hier harr'k mien Brot, mi güng't nich slecht,
un so sünd vierdig Johr vergahn
un ümmer wull ick Brücken slahn.

Ierst as de Olln kem'n upp de Karr
un de Beresina Brücken wedder harr,
dunn wull'k na Spornitz wedder gahn
un löt all' Brücken achtern stahn".

Oll Mudder Schult kem Klör wedder an,
„dat ick ditt noch beläben kann!
Du, Herrmann, büst nu wedder trüch,
du hesst sei funn, na Hus, de Brüch."

Nawurd:
Väl Minschen in Not, dei de Welt nich verstahn,
dei seihn blots den' Afgrund, anstatt Brücken tau slahn.

Quellenverzeichnis:

BAHLKE, W. & KEMNER, R. (1996): Die Lewitz, ihre Entstehung und ihre Nutzung im Laufe der Geschichte. - Selbstverl. Neustadt-Glewe, 2. Aufl.

BENTHIEN, B. (1960): Wie die Lewitzniederung entstanden ist. - Naturschutzarbeit, hrsg. Inst. f. Landschaftsforschung und Naturschutz Greifswald, Heft 5: 7-12.

BOLL, E. (1856): Geschichte Mecklenburgs mit besonderer Berücksichtigung der Cultur-geschichte. - Neubrandenburg: 264.

CRULL, R. (1938): Mecklenburg - Werden und Sein eines Gaues. - Schwerin: 264.

CZALLA, E. (1972): Die Auswanderung aus Mecklenburg nach Nordamerika in der 2. Hälfte des 19. Jahrhunderts. - Rostock: 62-63.

vergl. FUNK, U. (1991): Aus der Agrargeschichte der nördlichen Lewitz und ihrer Dörfer von den Anfängen menschlicher Besiedlung bis um 1900. - In: Heimathefte für Mecklenburg-Vorpommern: 26-31.

SCHLÜTER, E. (1938): Die Lewitz vor 80 Jahren. - In: Mecklenburg, Jg. 33: 98.

SCHULTZ, K. R. (1957): Mecklenburgische Dorfchronik. - Berlin: 36.

SCHULTZ, K. R. (1961): Die Lewitz – ihre Entstehung und Entwicklung zu einem intensiven Wirtschaftsgebiet. - Schwerin: 17.

SIMON, W. (1960): Über die Entstehung der mitteleuropäischen Sandlandschaft. - In: Sandige Ackerböden, Dt. Landw. Verlag Berlin: 15-102.

SIMON, W. (2000): Willem vertellt. - Stock und Stein-Verl. Schwerin, Band III: 83-86.

Die Lewitz, das größte mecklenburgische Naturschutzgebiet (1938). - In: Mecklenburg, Jg. 33: 96.

Abb. 1
Der Schultenkaten auf dem Schultenberg 1951

Abb. 2
Der „Düwelsbackaben" (Hünengrab) bei Neu Ruthenbeck

Abb. 3
Die Alte Elde an der Wildenwischer Brücke

Abb. 4
NSG Fischteiche an der Mittelschleuse bei Friedrichsmoor (Oktober 1998)

2. Natur- und Landschaftsschutz

Horst Zimmermann

Auslöser für erste Bemühungen um den Naturschutz, etwa um die Jahrhundertwende, war der Reichtum an unterschiedlichen Vogelgruppen in der Lewitz, der das Gebiet schon frühzeitig zu einem bevorzugten Exkursionsziel für Ornithologen, Zoologen und Naturinteressierte machte.

In einem sehr ausführlichen Bericht über eine Lewitzexkursion vom 7. bis 9. Mai 1903 berichtet LINDNER (1904) im Ornithologischen Jahrbuch über die ungewöhnlich reichhaltige Vogelausstattung, und zwar sowohl der Wiesen als auch des Waldes (Originaltext siehe Anhang im Beitrag Vogelwelt). Besonders erwähnt er die Schnepfenvögel, u.a. mindestens 30 Brutpaare der Uferschnepfe als „einem der häufigsten Brutvögel zwischen Neustadt und der Lewitz", einzelne rotschenklige und punktierte Wasserläufer (Rotschenkel und Dunkler Wasserläufer), zahlreiche Bekassinen und Brachvögel und die vielen Kampfplätze der Kampfhähne (Kampfläufer) mit über 20 Männchen. Und er kritisiert die an einem Holzschuppen an der Mittelschleuse angenagelten Schädel von 40 Fischreihern.

In einem aufschlussreichen Bericht über die Lewitz vermerkt FREIHERR VON MALTZAHN (1914) das Birkhuhn, das seit 12 Jahren als festes Standwild wieder herangeschont worden ist. Er stellt aber auch heraus, dass z.B. die großen Sägerarten sowie die Gemeine Seeschwalbe und die Schwarze Wasserschwalbe (Fluss- und Trauerseeschwalbe) „leider sehr verfolgt werden".

Besonders aufschlussreich hinsichtlich der ornithologischen Bedeutung des Lewitzgebietes ist die Darstellung „Zum Vogelschutz in der Lewitz" in Nr. 2/1920 der Zeitschrift „Mecklenburg" (siehe Beitrag Vogelwelt).

Wenngleich die Lewitz 1920 noch kein Schutzgebiet war, so fielen die ersten Schutzbestrebungen in die Zeit, in der auch anderswo in Deutschland um die Ausweisung erster Vogelschutz- und Naturschutzgebiete gerungen wurde. Tatsächlich wurde schon bald darauf, und zwar am 30. März 1925 durch Polizeiverordnung des Preußischen Ministers für Wissenschaft, Kunst und Volksbildung und des Preußischen Ministers für Landwirtschaft, Domänen und Forsten das Naturschutzgebiet (NSG) „Peenemünder Haken, Stuck und Ruden" als erstes NSG auf dem Territorium des heutigen Mecklenburg-Vorpommern begründet.

In der Lewitz ließ dies jedoch noch 14 Jahre auf sich warten, obwohl bereits am 14. Juni 1923 der Landtag des Freistaates Mecklenburg-Schwerin ein Naturschutzgesetz (Regierungsblatt für Mecklenburg-Schwerin Nr. 74 S. 405) erließ, dass das Staatsministerium ermächtigte, Naturschutzgebiete auszuweisen. Auf dem Wege dahin sind Berichte von WEIGOLD (1921, siehe Anhang im Beitrag Vogelwelt), VON MALTZAHN (1922), WACHS (1923, 1924, 1926/27) und BELTZ (1926) Meilensteine, die immer wieder auf die ungewöhnlich vielfältige Vogelwelt des Gebietes hinweisen.

Auch Verbände und Vereine nahmen sich der Sache verstärkt an. Am 1. Dezember 1926 fand in Rostock eine gemeinsame Tagung des Mecklenburgischen Heimatbundes, der Norddeutschen Vogelwarte Rostock, des Bundes für Vogelschutz Schwerin und des Tierschutzvereins Schwerin statt, anlässlich derer eine Entschließung an die Mecklenburgisch-Schwerinsche

Staatsregierung zu Händen des Herrn Ministerpräsidenten Schroeder verabschiedet wurde. „Die Erhaltung genügend großer Teichflächen in geschlossenem Zusammenhange" wurde gefordert, nachdem bekannt geworden war, „daß große Teile der bisherigen Teichflächen trockengelegt und zur Gewinnung von Streu verwandt werden sollten".

Forstmeister FRHR.V. MALTZAHN/Friedrichsmoor (1930): „Was aber nützt es, wenn immer von der Lewitz als vom Mecklenburgischen Naturschutzgebiet geredet und geschrieben wird, ohne daß sie es tatsächlich ist? Daß die Lewitz tatsächlich Naturschutzgebiet wird, bald wird, daß nicht länger mehr mit dieser Bezeichnung gedankenlos jongliert wird, das ist mittlerweile Ehrensache unseres Landes nicht nur sich selber, sondern gegenüber der deutschen Wissenschaft, gegenüber den anderen deutschen Ländern geworden, von denen uns die kleinen in beschämender Vorbildlichkeit zeigen, wie praktischer Heimatschutz aussieht."

1938 war es schließlich soweit. Auf der Grundlage des Reichsnaturschutzgesetzes von 1935 (RGBI. I S. 821) wurden durch die „Verordnung vom 22. Juli 1938 über das Naturschutzgebiet Die Lewitz in Mecklenburg in den Kreisen Ludwigslust, Parchim und Schwerin", 7.137 ha der Lewitz zum Naturschutzgebiet erklärt und in das Reichsnaturschutzbuch eingetragen.

Etwa je zur Hälfte waren es Flächen der Forstreviere Friedrichsmoor, Jamel, Bahlenhüschen, Banzkow und Rusch sowie der Wiesenreviere I bis XI. Die forstliche Bewirtschaftung und Nutzung des NSG „Lewitz" bleibt unberührt, jedoch unter völliger Schonung der alten Buchenbestände. Und auch die ordnungsgemäße landwirtschaftliche Nutzung bleibt durch die Verordnung in dem bisherigen Umfang und der bisherigen Wirtschaftsform unberührt; nach dem 16. März ist das Walzen der Wiesen nicht gestattet. Wie weit sind wir doch heute von diesen Grundsätzen entfernt!

Diese Schutzverordnung wurde 1963 wieder aufgehoben, sie wurde ohnehin schon lange vorher nicht mehr beachtet. Bald nach Beginn der ersten großflächigen Wasserregulierung 1958 beschloss der Rat des Bezirkes Schwerin (Beschluss Nr. 50-1959) am 1.4.1959, das Landschaftsschutzgebiet „Lewitz" und vier kleinere Gebiete als NSG „Klinker Fischteiche", „Friedrichsmoor", „Alte Elde" und „Töpferberg" auszuweisen. Das Teich-NSG als Kernstück des Naturschutzes in der Lewitz umfasste allerdings nicht die gesamte Teichfläche. Es zeigte sich bald, dass es ungünstig war, wenn benachbarte Teichflächen einem unterschiedlichen Schutzstatus unterliegen, so dass teils nicht, teils intensiv gejagt werden durften. Auf Antrag des Autors und Empfehlung der Zentrale für die Wasservogelforschung in der DDR, namentlich von Prof. Dr. Erich Rutschke, erfolgte am 21. April 1967 die Erweiterung auf die Gesamtteichfläche der Lewitz.

Ab 1969 bestehen in der Lewitz drei Naturschutzgebiete und ein Landschaftsschutzgebiet:
1. Nach Zusammenlegung der Teiche mit dem Gebiet der Alten Elde (Abb. 3) und einigen Wiesen- und Waldflächen entstand 1969 das NSG „Fischteiche in der Lewitz" mit einer Gesamtgröße von 1.732 ha. Es umfasst die Gesamtfläche der Fischteiche, Waldflächen nördlich und südlich des Störkanals und Wiesenflächen östlich der Müritz-Elde-Wasserstraße („Große Spornitzer Wiese"), zwischen den Teichen und der Alten Elde und nördlich der Teichgruppe Mittelschleuse („Gast-Wiese") (Abb. 4). Das Schutzziel orientiert sich an der reichhaltigen Avifauna. Brutvögel auf den Teichen waren zum Zeitpunkt der Unterschutzstellung besonders Lappentaucher, Gründel- und Tauchenten, Große Rohrdommel (Abb. 5), Rohrweihe (Abb. 6), Rallen, Lachmöwe und Fluss-Seeschwalbe. Während des Zuges dominierten nordische Gänse, Schwäne und Limikolen. Die Wiesen waren Brutplatz für den Großen Brachvogel, den Kiebitz, die Uferschnepfe, die Bekassine und sporadisch für den Rotschenkel. Herausragende Arten des Waldes waren Hohltaube, Mittelspecht und Zwergschnäpper.

Abb. 5
Große Rohrdommel im Nest

Abb. 6
Rohrweihe mit Jungvögeln im Horst

Abb. 7
Naturwaldreservat Abt. 142 mit Buchenaltholz (1990)

Abb. 8
Braunkehlchen

Abb. 9
Neuhöfer Teiche vor der Rekonstruktion, September 1979

Abb. 10
Neuhöfer Teiche nach der Rekonstruktion, April 1981

Abb. 11
Nordische Gänse treten besonders im Oktober in großen Konzentrationen auf

Abb. 12
Der Singschwan rastet und überwintert regelmäßig

2. Das NSG „Friedrichsmoor" mit einer Fläche von 155 ha dokumentiert naturnahe Teile der Waldlewitz (ab 30.03.1961). Auf grundwasserbeeinflussten Talsanden stocken hier Erlen-Eschen-, Stieleichen-Buchen- und Stieleichen-Birkenwälder (Abb. 7).
3. Das NSG „Töpferberg" mit 12,7 ha Fläche (ab 11.9.67) ist Teil des Dünensystems der Alten Elde. Bemerkenswert sind artenreiche Sandheiden und Borstgrasrasen sowie Feucht-wiesen.
4. Mit dem Landschaftsschutzgebiet wurde der Erholungsfunktion und der geologischen Besonderheit, dem ebenen Niedermoorbecken der Lewitz, Rechnung getragen.

Im Zeitraum 1969 bis 1990 gab es drastische Veränderungen in der wirtschaftlichen Nutzung mit gravierenden Folgen für die Naturausstattung. Zwischen 1976 und 1980 wurde ein kom-plexes Meliorationsprogramm verwirklicht. An die Stelle blumenreicher Niedermoorwiesen trat Saatgrasland; die Lewitz wurde zum Jungrinderaufzuchtzentrum für den Bezirk Schwerin spezialisiert. Mit dieser Umgestaltung verschwanden lewitztypische Strukturelemente, bei-spielsweise zahlreiche Feldgehölze, Strecken des Ludwigsluster Kanals bei Tuckhude mit sei-nen Randgehölzen sowie die Rohrplane an der Alten Stör. Es verschwanden auch alle Schnepfenvogelarten als Brutvögel, um deren Willen der Schutz in der Lewitz seinerzeit erreicht wurde. Mitten auf dem Töpferberg (NSG!) wurde sogar ein Wartehof mit Tränke-stelle für die Rinder eingerichtet.

Auch die Rekonstruktion der Fischteiche ab 1978 verwandelte das Bild der Lewitz. Zu-gunsten höherer Besatzdichten und Erträge wurden vielfach kleinere Teiche zusammengelegt, Inseln und Dämme und ihr natürlicher Bewuchs sowie 80% aller Röhrichte beseitigt (Abb. 9, 10). Die Grundwasserabsenkung im Gesamtgebiet wirkte sich auch im Lewitzwald aus. Aus den Schilf-Erlenwäldern wurden Brennnessel-Erlenwälder.

Mögen die Intensivierungsmaßnahmen der wirtschaftlichen Nutzung aus damaliger Sicht auch ökonomisch sinnvoll gewesen sein, ökologisch waren sie katastrophal. Insbesondere die Moorstandorte vermullten und gebietsweise verschwand auch die flache Niedermoorauflage vollständig, so dass Ackerstandorte mit oberflächlichem Sand entstanden.

Bezüglich des Hauptschutzgegenstandes, der Vogelwelt, ergaben sich erhebliche Verschie-bungen in der Ausstattung. Das Grünland verlor seine Bedeutung als Brutgebiet für hochspe-zialisierte Schnepfenvogelarten vollständig, die Bestände von Brachvogel, Uferschnepfe, Rot-schenkel und Bekassine gingen gegen Null. Auch die Brutdichte der Kleinvögel sank stark. Das Braunkehlchen, ehemals alle hundert Meter auf den Weidezaunpfählen zu hören, wurde äußerst selten (Abb. 8). Dem gegenüber verbesserten sich die Bedingungen für die Rast und Überwinterung vor allem herbivorer (pflanzenfressender) Großvogelarten (Gänse, Schwäne Abb. 11, 12) und solcher Schwarmvögel wie Kiebitz, Goldregenpfeifer oder Wacholderdrossel und es kam zu vorher nie gekannten Konzentrationen.

Ganz ähnlich ist die Entwicklung auf den Fischteichen zu charakterisieren. Die Brut-bestände spezialisierter Arten, wie Rohrdommel oder Fluss-Seeschwalbe, sanken stark oder erloschen. Andere Arten, wie Höckerschwan, Blessralle oder Tafel- und Reiherente profitier-ten vom großen Nahrungsangebot in den Teichen durch die intensive Karpfenfütterung und Haubentaucher und Kormorane vom gestiegenen Fischbesatz. Mauser- und Rastbestände von 20.000 und mehr Wasservögeln waren die Regel. Die Kriterien für die Aufwertung als Vogelschutzgebiet waren längst erreicht und folgerichtig wurde das NSG „Fischteiche in der Lewitz" 1978 nach dem Beitritt der DDR zur Ramsar-Konvention, dem ersten internationalen Naturschutzabkommen, zum Feuchtgebiet von nationaler Bedeutung erklärt. Allerdings blieb dieser Status ohne Rechtsfolgen, da er nicht durch spezifische Bewirtschaftungsrichtlinien untersetzt wurde.

Nach 1990 ergibt sich durch die veränderten Eigentumsverhältnisse und Rahmenbedingungen für die Landwirtschaft eine völlig neue Situation für den Naturschutz in der Lewitz.

Ein großer Teil der Wald- und Teichflächen wird dem Land zugeordnet, Wiesenflächen in treuhändlerischer Verwaltung werden verkauft, andere an Alteigentümer rückübertragen. Die Hauptwasseradern der Lewitz, die Müritz-Elde-Wasserstraße und die Störwasserstraße, werden Bundeswasserstraßen. Die Folgen sind für jedermann sichtbar. Große Flächen des „Dauergrünlandes" der Lewitz sind rechtswidrig in Ackerland umgewandelt worden, denn Genehmigungen durch die untere Naturschutzbehörde, wie es die Schutzgebietsverordnungen für das Landschaftsschutzgebiet verlangen, lagen in keinem einzigen Fall vor. Neue Produktionsrichtungen wie die Pferdezucht hielten Einzug im Gebiet. Die Sicherung der Dämme an den Wasserstraßen, die nach der Wiederaufnahme der Sportschifffahrt unbestritten notwendig war, erfolgte ohne den Schutzstatus des Gebietes zu beachten (Abb. 13, 14). Die Karpfenproduktion in den Teichen konnte aufrechterhalten werden, erforderte aber kontinuierliche Vergrämungsmaßnahmen gegenüber dem Kormoran und diese führten zu erheblichen Beeinträchtigungen der übrigen Vogelwelt. Verschiedene Freizeitnutzungen, die von den Flugplätzen in Neustadt-Glewe und Parchim oder von den Bundeswasserstraßen in das Gebiet ausstrahlen sowie die enorme Zunahme des Verkehrsaufkommens wirken als Störquellen. Der Naturschutz ist um Schadensbegrenzung bemüht. Deshalb müssen neue Schutzziele und -strategien formuliert und durchgesetzt werden.

Ein erster Schritt dazu wurde 1992 getan, als das Land Mecklenburg-Vorpommern über das Bundesumweltministerium die Lewitz mit einer Gesamtfläche von 15.890 ha der Europäischen Kommission als sogenanntes Europäisches Vogelschutzgebiet (auch SPA = Special Protection Areas) gemäß der Richtlinie des Rates vom 2. April 1979 über die Erhaltung der wildlebenden Vogelarten (79/409/EWG) meldete. Entsprechend den internationalen Auswahlkriterien dient das Gebiet insbesondere dem Schutz der folgenden Zielarten:

Brutvögel:
Rohrdommel, Seeadler, Rohrweihe, Fischadler, Kleines Sumpfhuhn, Braunkehlchen, Rohrschwirl

Rastvögel/Überwinterer:
Singschwan, Zwergschwan, Saatgans, Blässgans, Schnatterente, Löffelente, Tafelente, Seeadler, Kornweihe, Fischadler, Goldregenpfeifer, Kiebitz, Sumpfohreule.

Ein weiterer Schritt folgte 1999 mit der Meldung des FFH-Gebietes „Friedrichsmoor" auf der Grundlage der Richtlinie des Rates vom 21. Mai 1992 zur Erhaltung der natürlichen Lebensräume sowie der wildlebenden Tiere und Pflanzen (92/43/EWG). Im Gegensatz zu der Europäischen Vogelschutzrichtlinie, die den spezifischen Schutz besonders gefährdeter einheimischer oder regelmäßig in großer Konzentration durchziehender, rastender oder überwinternder Vogelarten gewährleisten soll, dient die Fauna-Flora-Habitat-Richtlinie der Erhaltung der biologischen Vielfalt. In dem FFH-Gebiet „Friedrichsmoor" mit einer Fläche von 672 ha, das Waldgebiete und die nördlich des Störkanals liegenden, aufgelassenen Fischteiche umschließt, sind die Lebensraumtypen „Alte bodensaure Eichenwälder" und „Hainsimsen-Buchenwald" sowie die Art Fischotter von gemeinschaftlichem Interesse identifiziert und wertbestimmend.

Beide Schutzkategorien internationaler Deklaration sind Bestandteil des europäischen Schutzgebietes NATURA 2000. Für die Gebiete gilt ein Verschlechterungsverbot. Maßnahmen und Planungen, die den Schutzgegenstand der Gebiete erheblich beeinträchtigen können, müssen einer vertieften Prüfung auf Verträglichkeit unterzogen werden.

Abb. 13
Müritz-Elde-Wasserstraße nördlich der Dütschower Brücke im Mai 1982

Abb. 14
Müritz-Elde-Wasserstraße nach der Unterhaltungsmaßnahme 1997

Abb. 15
Vertragsnaturschutzfläche, typisches Feuchtgrünland

Abb. 16
Die „Enzianwiese", eine der letzten intakten Feuchtwiesen

Nach 1990 bestanden zeitweise auch Planungen zur Ausweisung neuer bzw. zur Erweiterung vorhandener NSG. Während das Mirower Torfmoor, das Dütschower Holz oder die Dreenkrögener Torfstiche hinsichtlich ihrer Ausstattung nicht die Voraussetzungen für ein NSG erfüllten, scheiterten Erweiterungen der NSG „Friedrichsmoor" und „Fischteiche in der Lewitz" an der Ablehnung der Bewirtschafter.

Anders ist die Situation beim Landschaftsschutzgebiet „Lewitz". Nachdem die Zuständigkeit für solche Festsetzungen an die Landräte überging, verabschiedeten die Kreise Ludwigslust (26.4.1996) und Parchim (6.1.1994) sowie die Stadt Schwerin (2.2.1996) eigene Verordnungen für ihre Territorien.

Letztendlich sind aber nicht die gesetzlichen Regelungen für das Wohl und Wehe der Schutzobjekte ausschlaggebend, sondern ihre Pflege und Entwicklung in der Praxis. Bewirtschaftungsverträge mit Landwirtschaftsbetrieben gewährleisten seit 1991 auf großen Flächen eine naturschutzgerechte extensive Grünlandnutzung durch Verzicht jeglicher Düngung, durch geringe Besatzdichten für Weidetiere, späte Mahdtermine und Gewährleistung hoher Grundwasserstände. Mit Hilfe dieser Verträge gelang es, die wichtigen Standorte mit noch ausreichender Niedermoorauflage zu erhalten. Dies betrifft mit der Großen Spornitzer Wiese und dem Grünland an der Alten Elde sowohl NSG-Flächen als auch Flächen außerhalb von NSG im Polder Schwarzer Graben (Abb. 15). Analoge Bewirtschaftungsverträge mit dem Binnenfischereibetrieb garantierten durch Ausgleichszahlungen auch hier eine vergleichsweise extensive Produktion im Vergleich zu der Pelletintensivwirtschaft vor 1990. Mit Haushaltmitteln des Landes konnten einige Maßnahmen zur Erhaltung und Pflege von Naturschutzgebietsteilen verwirklicht werden, z.B. die Rekonstruktion von Einlaufbauwerken und Dämmen zur Wiederinbetriebnahme der Teichgruppe Brahm/Möwenteich/Tellerflach nördlich des Störkanals ausschließlich zur Naturschutznutzung, der Einbau eines Staus zur Wasserregulierung der sogenannten Enzianwiese (Abb. 16) und deren regelmäßige Mahd und Beräumung.

Außerdem konnten mit Hilfe von Arbeitsbeschaffungsmaßnahmen auf dem Territorium des Kreises Parchim einige Hecken neu angelegt bzw. komplettiert werden.

Um den noch vorhandenen Naturschutzwert der Lewitz längerfristig zu erhalten, müssen die folgenden Grundsätze beachtet werden:

- Beibehaltung und Extensivierung der Grünlandnutzung auf allen Standorten mit Moormächtigkeiten von über drei dm
- Rückführung von Acker in Grünland auf Moorstandorten
- Erhaltung des ohnehin nur noch in geringer Ausdehnung vorhandenen Feuchtgrünlandes
- Erhaltung bestehender Sukzessionsflächen
- Erhaltung des Offenlandcharakters der sogenannten Wiesenlewitz durch Vermeidung von Erstaufforstungen, jedoch Erhaltung und ggf. Ergänzung vorhandener Strukturen, namentlich Hecken, Baumreihen und Alleen
- Sicherung der Teichwirtschaft mit einem Nebeneinander unterschiedlicher Nutzungsintensitäten
- Förderung der landschaftsgebundenen statt der anlagegebundenen Erholung
- Vermeidung weiterer Landschaftszerschneidung durch Neu- oder Ausbau von Verkehrswegen und Zersiedelung durch Gewerbe-, Wohnungs- oder Erholungsbauten

Literatur

ANONYM (1920): Zum Vogelschutz in der Lewitz. - Mecklenburg 15: 41-51.

BELTZ, R. (1926): Wieder einmal die Lewitz. - Mecklenburg 21: 84-86.

LINDNER, F. (1904): Im Brutgebiete der schwarzschwänzigen Limose und des schwarzen Storches. - Ornithologisches Jahrbuch 15: 11-24.

MALTZAHN, FREIHERR VON (1914): Die Lewitz. - Mecklenburg 9: 35-44.

MALTZAHN, FREIHERR VON (1930): Die Lewitz als Naturschutzgebiet. - 51. Hauptversammlung des Vereins Mecklenburgischer Forstwirte zu Schwerin vom 14. bis 16. Juli 1930: 18-38.

WACHS, H. (1923): Norddeutsche Vogelwarte Rostock. I. Jahresbericht; zugleich weitere Beiträge zur Ornithologie Mecklenburgs. - Archiv Mecklenburgischer Naturforscher, Band I: 6-15.

WACHS, H. (1924): Norddeutsche Vogelwarte Rostock. II und III. Jahresbericht; zugleich weitere Beiträge zur Ornithologie Mecklenburgs. - Archiv Mecklenburgischer Naturforscher, Band I, 29-63.

WACHS, H. (1926/27): Norddeutsche Vogelwarte Rostock. Bund für Vogelschutz Schwerin. IV. und V. Jahresbericht; zugleich weitere Beiträge zur Ornithologie Mecklenburgs. - Archiv des Vereins der Freunde der Naturgeschichte in Mecklenburg. Neue Folge, 2. Band: 7-52.

WEIGOLD, H. (1921): Rettet die Lewitz. - Vogelschutz 2: 17-20.

3. Flora und Fauna
3.1. Über die Pflanzenwelt

Claus Möller

Das stete Grün der weiten Wiesen- und Weideebenen, die sichtbegrenzenden Gehölzgruppen, die schnurgeraden Alleen alter Eichen, das Sonnenleuchten abertausender Löwenzahnblüten, im Frühjahr das weiße Meer blühender Anemonen (Abb. 18) und die Schilfgebiete aufgelassener Teiche, dies alles nimmt der Lewitzbesucher mit Bewundern auf. Doch findet sich Ähnliches auch anderswo und rechtfertigt nicht den Ruf der Lewitz, eine einmalige Flora zu besitzen. Der Botaniker legt andere Maßstäbe an.

„In der Lewitz finden wir manche Pflanzenarten, die es im übrigen Mecklenburg nicht oder sehr selten gibt, andererseits fehlen Arten, die anderswo reichlich vorhanden sind. Insgesamt zeichnet sich die Lewitzflora durch eine gewisse Artenarmut aus." So charakterisierte der Parchimer Lehrer und Naturforscher WALTER DAHNKE in seiner 1956 herausgegebenen „Flora der Lewitz" die Besonderheiten der Pflanzenwelt dieser Region vor deren Umgestaltung Anfang der sechziger Jahre. Mit der Bildung einer intensiv genutzten Kulturlandschaft gingen der Lewitz bis auf unbedeutende Reste jene Landschaftselemente verloren, die die floristischen Besonderheiten einst bedingten.

In den Kulturflächen der Lewitz finden wir heute nicht mehr und nicht weniger Pflanzenarten als anderswo im Lande. Die von Dr. RIBBE (einem Schüler von DAHNKE) Anfang der siebziger Jahre in den Lewitzwiesen vorgenommenen pflanzensoziologischen Untersuchungen bestätigen dies nachdrücklich.

Die Einteilung in Wald-, Wiesen- und Feldlewitz orientiert auf dominierende Vegetationsverhältnisse, die nachfolgend näher gekennzeichnet werden sollen.

Die Grundwasserverhältnisse bestimmen, wie in der gesamten Region, auch in der Waldlewitz die Ausprägung der Forsten. Auf feuchten Standorten bildet der Charakterbaum der Lewitz, die Schwarzerle, in Gemeinschaft mit der Moorbirke noch großflächige Bruchwälder (etwa 543 ha). Sie sind meist wenig zugänglich und bieten deshalb dem Wild störungsarmen Einstand. Der Tourist fühlt sich mehr vom abwechslungsreichen Hochwald angezogen, der in der Lewitz auf einem Areal von 1.684 ha als Laubmischwald stockt. Starke Stiel-Eichen und Rot-Buchen künden vom Alter dieser Wälder, in denen der Fachmann mit Freude auch Hain-Buchen, Eschen, Berg-Ahorn und andere heimische Gehölze unschwer entdeckt. Ebenso abwechslungsreich ist die Krautschicht in ihnen ausgebildet. Noch vor der Belaubung der Bäume blühen im Frühjahr hier die Busch-Windröschen und der zarte Wald-Sauerklee in großer Zahl, daneben unscheinbar der Wald-Goldstern und das Hain-Veilchen. An nährstoffreichen Orten sind neben der Goldnessel und dem Moschuskraut das Ausdauernde Bingelkraut und die Vielblütige Weißwurz häufig zu finden. Auch die schlichte Einbeere entfaltet hier im Kreuz ihrer vier Blätter ihre einzige Blüte.

Auf höheren und deshalb trockenen Standorten sind Nadelwälder angelegt, in denen die Gemeine Kiefer die bestimmende Baumart ist. Sie ist auch auf den Dünen der Wiesenlewitz in Gemeinschaft mit der Stiel-Eiche angepflanzt worden. In der Strauchschicht dieser Gehölze finden sich, von beerenfressenden Vögeln verbreitet, häufig die Eberesche und die Heidelbeere als Zwergstrauch ein.

Intensivgrünland, das vielfach als Koppel für weidende Rinder und Pferde genutzt wird, bestimmt das Bild der Wiesenlewitz. Ertragreiche Gräser mit hohem Futterwert sind dort angebaut. Lediglich an Weg- und Grabenrändern siedeln sich spontan Wildkräuter an. Im zeitigen Frühjahr blüht blattlos an feuchten Orten der Huflattich. Im Hochsommer entfaltet die Wilde Möhre am Wegrand ihre Blütendolden. Jetzt kann der aufmerksame Beobachter gelegentlich auch einzelne Exemplare des Breitblättrigen Sitters, eine der wenigen in der Lewitz vorkommenden Orchideen, finden.

Entlang der Alten Elde sind kleinere Teilflächen als Nasswiesen erhalten, in denen die Sumpf-Dotterblume, der Sumpf-Hornklee, verschiedene Seggen und die in der Roten Liste der gefährdeten Arten geführte Kuckucks-Lichtnelke sowie das Wiesen-Schaumkraut vorkommen. Als Rest der ursprünglich typischen nährstoffarmen, aber artenreichen Feuchtwiesen, die den Ruf der Einzigartigkeit der Lewitzflora begründeten, ist eine kleine, fünf ha große Parzelle als Pfeifengraswiese durch spezielle Schutz- und Pflegemaßnahmen erhalten geblieben. In ihr gedeihen neben anderen Rote-Liste-Arten noch der Lungen-Enzian (Abb. 17), der Wiesen-Alant, die Kümmel-Silge und das Breitblättrige Knabenkraut, eine hier ebenfalls selten gewordene Orchidee.

Artenreich waren einst auch die Dünen entlang der Elde. Der Hühnerberg und der Töpferberg wurden deshalb unter Schutz gestellt, während andere aufgeforstet oder eingeebnet worden sind. Die Unterschutzstellung zu Zeiten der DDR bewahrte die kleinen inselartigen Biotope jedoch nicht vor anthropogenen Einflüssen, die eine Veränderung des Artenspektrums und floristische Verarmung zur Folge hatten. Auf dem Töpferberg waren einer Studie aus dem Jahr 1995 zufolge 51 der einst von dort gemeldeten Arten nicht mehr auffindbar. Vom Englischen Ginster konnte nur noch ein Exemplar notiert werden. In der langen Verlustliste müssen auch die einst in der Lewitz häufige Arnika, die Niedrige Schwarzwurzel und „das Juwel der Lewitz", die Sibirische Schwertlilie (siehe Nachtrag) geführt werden. Auf dem Hühnerberg blühen noch jährlich etwa 70-100 Exemplare der Gemeinen Kuhschelle (Abb. 19). Dass diese einst häufige und in großer Zahl vorkommende Pflanze, nach DAHNKE die Charakterpflanze der Lewitzdünen, hier noch ihren einzigen Standort in Südwestmecklenburg hat, ist wohl auch dem persönlichen Engagement einiger Naturfreunde zu verdanken, die durch spezielle Hilfen die Verbreitung der Pflanzen förderten. Im kahlen Sand der Düne schnürt die Sand-Segge, daneben schmiegt sich der Haar-Ginster eng an den Boden an.

In den von Oberflächengewässern charakterisierten Teilen der Teichlewitz sind die Schilfröhrichte als wesentliche Pflanzengesellschaft hervorzuheben, die für die Ökologie der Gewässer und als Lebensraum für eine Vielzahl von Wirbellosen und Wirbeltieren von besonderer Bedeutung sind. Sie werden von Rohrkolben, Pfeilkraut, Kalmus und Wasser-Schwaden durchsetzt. Die Monotonie dieser Gesellschaft wird an den Uferböschungen oft durch dichte Bestände des Wasserdost abgelöst. Farbtupfer bringen die violetten Blüten des Sumpf-Ziest ein. Wo Sträucher Halbschatten erzeugen, windet wohl auch gelegentlich der Bittersüße Nachtschatten, dessen violette Blüten unschwer die Verwandtschaft zur Tomate erkennen lassen. Vorsicht mit ihm ist geboten! Diese Pflanze ist giftig.

In den Hochstaudengesellschaften der Ufer übertrifft mit ihren grobgefiederten hellgrünen Blättern die Echte Engelswurz, eine alte Gewürz- und Heilpflanze, alle Stauden an Üppigkeit. Über Jahrhunderte wurden Auszüge und Tees aus ihrem Wurzelstock von Kräuterkundigen zur Behandlung einer Vielzahl von Leiden und Gebrechen empfohlen. Gräben, die die Teiche stellenweise begleiten, bieten verschiedenen Seggen und auch der Wasser-Schwertlilie Lebensraum.

Abb. 17
Lungen-Enzian

Abb. 18
Anemonen im März/April im Laubwald bei Friedrichsmoor

Abb. 19
Gemeine Kuhschelle auf dem Hühnerberg

Auf den Dämmen der Teiche stehen als Pioniergehölze häufig die Grau-Weide und der Schwarze Holunder, stellenweise auch Brombeeren und die Hänge-Birke. Hier und da gepflanzte oder geduldete Pappeln beleben das Landschaftsbild.

In den ackerbaulich genutzten Flächen der Feldlewitz bestimmen die angebauten Kulturen das Bild der kurzlebigen Pflanzengesellschaften. Große Rapsfelder übergießen zur Blütezeit die Landschaft mit gleißendem Gold. Im Wildkräuterbestand dieser Felder hat sich, durch neue Technologien des Feldbaus bedingt, ein Wandel vollzogen. Auf den durch Gülle stickstoffangereicherten Böden sind, wie in anderen Regionen, die Unbegrannte Hühnerhirse und der Zurückgebogene Amarant häufig anzutreffen.

In den Pflanzengesellschaften der Dorfstraßen- und Plätze prägt auf kargen Böden der hellgrüne anspruchslose Wermut häufig das Bild. Er spielte einst im Brauchtum der Bevölkerung eine Rolle. Eine Reihe typischer Dorfstraßenpflanzen ist selten geworden, schnell haben sich dagegen die Wehrlose und die Gekielte Trespe ausgebreitet.

Diese, sowie die oben angedeuteten Veränderungen der Lewitzflora, sind durch Wirtschaftsprozesse herbeigeführt bzw. beschleunigt worden, die das Leben der Menschen nicht nur in dieser Region verbessern sollten. Die dadurch verursachte Verarmung der natürlichen Vegetation ist ein hoher gezahlter Preis. Angemessene und konsequente Schutzmaßnahmen können weitere Verluste einschränken, wenn sie von der Gesellschaft als Ganzes getragen werden.

Literatur

DAHNKE, W. (1956): Flora der Lewitz.

IBS INGENIEURBÜRO SCHWERIN (1997): Gutachten zum Europäischen Vogelschutzgebiet „Lewitz".

RASSMUS, J. & MARTIN, C. (1995): Schutzwürdigkeitsgutachten für das NSG Töpferberg (Kreis Ludwigslust), Auftraggeber: StAUN Schwerin.

RIBBE, B. (1970): Floristische Notizen aus der Lewitz. - Naturschutzarbeit in Mecklenburg, Sonderdruck.

RIBBE, B. (1976): Vegetationsverhältnisse im Wirtschaftsgrünland der Lewitz. - Archiv Freunde Naturg., Mecklenburg XVI.

ROTHMALER, W., SCHUBERT, R. & VENT, W. (1986): Exkursionsflora für die Gebiete der DDR und der BRD. - Bd. 4, Kritischer Band, 6. Auflage, Berlin.

Nachtrag
Burkhard Fellner

2001 initiierten der Sohn des in diesem Beitrag zitierten Parchimer Botanikers WALTER DAHNKE, das LEWITZPROJEKT (ab 15.11.01 NABU) und die AG Geobotanik in Abstimmung mit dem StAUN Schwerin ein Projekt zur Wiederansiedlung der Sibirischen Schwertlilie (*Iris sibirica*) in der Lewitz. Die 1954 im Garten von Walter Dahnke angepflanzten Schwertlilien stammen von einem gefährdeten Standort aus der Lewitz und überdauerten bis heute in den Gärten der Familie Dahnke. An einigen ausgewählten vielversprechenden Stellen in der Nähe des seit über 20 Jahren erloschenen Vorkommens wurden im April 2001 erstmals einige dieser Pflanzenstauden eingesetzt, sie kamen noch im selben Jahr zur Blüte (Abb. 20). An weiteren geeigneten Standorten wird die Pflanzaktion fortgesetzt werden.

Dieses Projekt besitzt Symbolcharakter für die gegenwärtigen Naturschutzziele in der Lewitz und soll für die Renaturierung einiger Moorwiesen werben.

Abb. 20
2001 wieder angesiedelt: die Sibirische Schwertlilie

Abb. 21
Echter Zunderschwamm an einer toten Buche in der Waldlewitz

Abb. 22
Grauer Faltentintling im Böschungsbereich der Fischteiche

3.2. Pilze

Heinz Langer †

Die Waldlewitz bietet mit ihren naturbelassenen Altholzbeständen auf überwiegend feucht-moorigem Untergrund eine ideale Lebensgrundlage für eine artenreiche Pilzflora. Vor allem an Holz wachsende Pilze, wie Echte Zunderschwämme (Abb. 21), Birkenporlinge, Schmetterlingsporlinge, Holzritterlinge, Schwefelköpfe, Helmlinge, Trameten, Dachpilze, Stockschwämmchen, Saftporlinge und Schichtpilze sind häufig anzutreffen. Diese Pilze leisten als Reduzenten mit der Zersetzung von Totholz eine nicht unbedeutende Arbeit im Kreislauf der Natur.

Die schmackhaften und begehrten Mykorrhiza-Pilze, wie Pfifferling, Steinpilz, Rotkappe, Rotfußröhrling, Mai-Ritterling und andere bleiben im Naturschutzgebiet den Tieren vorbehalten, da hier das Sammeln verboten ist.

Als absolute Raritäten sind die in der Roten Liste enthaltenen Arten (im Bestand gefährdet oder ausgestorben) zu nennen: Korallen, Erdsterne, Stachelbärte.

Leider ist das wertvolle Waldgebiet in seiner Ursprünglichkeit ständigen Veränderungen durch den Menschen unterworfen. Die Artenvielfalt in der Wiesen- und Teichlewitz ist zwar wesentlich geringer, aber dafür sind Massenpilze flächendeckend und in großen Mengen vertreten. Auf den mit Stickstoff gedüngten Wiesen, frischen Kuh- und Pferdekoppeln und an Uferböschungen sind die sogenannten Saprophyten (Humuszersetzer) zu finden. Dazu gehören der von vielen Pilzfreunden geschätzte Wiesenchampignon mit seinen rosafarbenen Blättern und der wegen seiner Form oft bestaunte Riesenbovist. Schon von weitem sieht man die weißen Bauchpilze von Fußball- bis Kürbisgröße kontrastreich auf den grünen Koppeln stehen. Aber auch an Gewässerböschungen in Brennnesselbeständen sind diese ergiebigen Speisepilze oft verborgen.

Nicht ganz so wählerisch in den Standortansprüchen sind die zwar weniger bekannten, aber oft in großen Mengen vorkommenden Schopf- und Faltentintlinge (Abb. 22). Diese kennenzulernen ist wegen ihrer Eigenart, sich in einer tintenartigen Flüssigkeit aufzulösen, äußerst interessant. Sie nehmen auch vorlieb mit ehemaligen Dunglagerplätzen sowie Feld- und Waldwegerändern. Der Schopftintling, der ein sehr schmackhafter Speisepilz ist, wird im Volksmund als Spargelpilz bezeichnet.

Erfreulich ist die Tatsache, dass in den letzten Jahren im Böschungsbereich der Fischteiche der seltene Goldfarbene Glimmerschüppling mehrfach gefunden wurde. Andere Wiesenpilze, wie die farbenprächtigen Saftlinge, sind aufgrund von Intensivierungs- und Meliorationsmaßnahmen sowie Missbrauch von Schädlingsbekämpfungsmitteln inzwischen vernichtet worden.

Besucher der Lewitz sollten beachten, dass selbst die Massenpilze, sofern sie in den als Naturschutzgebiet ausgewiesenen Gebietskomplexen der Wiesen- und Teichlewitz wachsen, nicht gesammelt werden dürfen.

Anhang

Der Autor dieses Fachartikels, Heinz Langer, verstarb am 3.1.1999. Er war nicht nur ein hervorragender Pilzsachverständiger sondern auch ein engagierter Umweltschützer und Kenner der Lewitz. Zur Erinnerung erscheint an dieser Stelle sein selbstverfasstes Lewitzgedicht.

Frühlingserwachen in der Lewitz

Fernsicht, blauer Himmel und Sonnenschein
gestatten den Blick weit ins Land hinein.
Der Turm der Spornitzer Kirche wirkt mächtig,
sogar die Ruhner Berge zeigen sich prächtig.

Traktorengeräusche von nah und fern stören die Stille.
Der nasse Boden wird gepflügt, da gibt's keine Idylle.
Fünf Rehe lassen sich beim Sonnen nicht stören.
Sie tun so, als ob sie den Lärm nicht hören.

Von der Weide hoch oben ertönt der Gesang
einer kleinen Meise. Ihr Lied ist lang.
Sie huscht in ihr kleines Beutelnest geschwind
und schaukelt dabei sachte im Wind.

Lerchengesang ertönt über Wiese und Feld,
um ihn zu hören braucht man kein Geld.
Auch das Lied der Singdrossel hören alle gerne.
Sie ist wieder zu Hause, zurück aus der Ferne.

Die Fischteiche sind wieder mit Wasser voll,
die schneeweißen Schwäne finden das toll.
1.000 Gänse laben sich am frischen Grün nebenan,
und Kiebitzschwärme fliegen gaukelnd heran.

Das Lewitz-Schlösschen in Friedrichsmoor
schaut verträumt zwischen kahlen Eichen hervor.
Vom Laubwald bis in den Park hinein
blühen Buschwindröschen im Sonnenschein.

Der Abend ist mild, die Amsel singt munter.
Zwei Angler kommen am Bach herunter.
Ein Tag geht zu Ende, dem Schöpfer sei Dank;
Die Zuversicht bleibt, das Jahr ist noch lang.

3.3. Die Entwicklung der Vogelwelt im Zusammenhang mit der Veränderung der Landschaft

Burkhard Fellner

Einer der wichtigsten Gründe für die Attraktivität und Beliebtheit der Lewitz bei den naturverbundenen Besuchern aus nah und fern ist das Vorkommen einer reichhaltigen und teilweise sehr seltenen Vogelwelt (Avifauna) mit einem oft weit über Mecklenburgs Grenzen hinausreichenden Bekanntheitsgrad. Für die Vogelwelt selbst war und ist die im Kern 13 x 16 km große Lewitz als Rastplatz sowie Brut- und Mausergebiet von herausragender, teilweise sogar europäischer Bedeutung, allerdings mit sich ändernder Gewichtung für die einzelnen Brut- und Rastvogelarten je nach der Nutzung der Kulturlandschaft in den jeweiligen Zeitabschnitten. Deshalb wird im folgenden auch auf die wechselnde wirtschaftliche Nutzung und die Änderung der Naturausstattung der Lewitz eingegangen, da nur dadurch die gewaltige Veränderung der Avifauna nachvollziehbar wird.

16. - 20. Jahrhundert: Steinadler und Schwarzstorch – Der Urwald lichtet sich

Die ursprünglich belassene Naturlandschaft der Lewitz war ein Sumpf-Urwald, in dem noch Ure, Bären, Elche und Wölfe lebten. Der Mensch nutzte dieses sehr wildreiche Gebiet hauptsächlich zur Jagd und gelegentlich als Zufluchtsort in Kriegszeiten.

Danach, in den Anfängen zur Umgestaltung in eine Kulturlandschaft, wirkte sich die Änderung der Landschaftsverhältnisse noch positiv auf die Artenvielfalt der Flora und Fauna aus. Um den steigenden Holzbedarf zu decken, rodete man verstärkt ab dem 16. bis zum 18. Jahrhundert im Zuge eines regelrechten Raubbaus große Waldflächen. Diese Areale dienten in der Folgezeit neben der Jagd als wilde Viehweiden. Ab ca. 1560 bis zum Dreißigjährigen Krieg wurden z.B. Pferde in die Lewitz getrieben und frei laufen gelassen. Später konnten nach einer bescheidenen Entwässerung durch die Vertiefung von Elde und Stör sowie durch die Anlage kleinerer (Flöß) Gräben und Kanäle vor allem in den Lewitzrandbereichen Wiesen zur Heugewinnung genutzt werden. Allmählich entstand die vom Wasser stark beeinflusste Wiesenlewitz und somit ein neuer Lebensraum für viele Sumpf- und Wiesenbrüter. Gleichzeitig blieb noch ein Teil der Waldfläche erhalten, so dass auch die ursprüngliche Vogelwelt nicht gänzlich verschwand. Erste genauere naturkundliche Angaben über die damals noch sehr unwegsame Lewitz machten FROMM und STRUCK 1866. Sie beschrieben die Lewitz bis zu den Kanalarbeiten Anfang des 19. Jahrhunderts als ein schlangen- und wasserreiches, sehr schwer zugängliches, von Flüssen, Kanälen und Gräben durchzogenes Sumpf-, Bruch- und Waldgebiet voller ausgedehnter Moorsümpfe, aus dem sich nur vereinzelt einige höher gelegene Sandschollen erheben. Die aufgrund des geringen Gefälles träge und in vielen Windungen fließenden Flüsse Elde und Stör überfluteten die Niederung regelmäßig. Es bildeten sich zeitweise große Stauwasserseen, die bei großen Regenfällen das ganze Jahr überdauerten. Bei der Alten Elde bestand dies in kleinerem Umfang bis Anfang der 50er Jahre des 20. Jh. fort und war eine Bereicherung für den Lebensraum der Vogelwelt (Abb. 23). Bis ca. 1810 mussten die Jäger deshalb ihr erlegtes Wild auch oft schwimmend oder mit Kähnen zum Jagdschloss in Friedrichsmoor befördern.

Im Zuge der Kanalarbeiten für die Schifffahrt von 1831-1837 fand die erste größere Entwässerung der Sümpfe statt. Der aus einem Flößgraben neu ausgebaute Störkanal störte aber von nun an auch das natürliche Abflussverhalten der Lewitzfließgewässer, weil er als eingedeichter Hochkanal quer zu deren Fließrichtung verläuft und deshalb durch zeitweiligen Wasserrückstau dem Waldgebiet großen Schaden zufügte. VON MALTZAHN bezeichnete 100 Jahre später (1930) den Störkanal in wald- und wasserwirtschaftlicher Hinsicht als den größten und eigentlichen Kulturschädling des Lewitzforstes. Das Flussbett der Alten Stör ab Banzkow fiel durch den Bau des Störkanals größtenteils trocken. Die flache verwachsene Rinne führte seitdem nur bei großer Nässe Wasser. Weitere größere Kanalbauten wie z.B. der Banzkower (1842)- und Brenzer Kanal (1863) folgten, diesmal mit dem vorrangigen Ziel der Be- und Entwässerung. Einige Flächen der nördlichen Lewitz (von Banzkow bis Mueß) eigneten sich jetzt auch für den Ackerbau. Das Gebiet zwischen Goldenstädt, Tramm und Neustadt wurde nach Stubbenrodungen bis auf die Waldungen und Weiden im wesentlichen ein Wiesenareal zur Heugewinnung. Auf den nach wie vor wasserdurchweichten Wiesen überzogen Wiesengräser und andere üppig gedeihende Sumpfpflanzen die weite Fläche wie ein „blumendurchwirkter grüner Teppich". In geringem Umfang nutzte man den Moorboden der Wiesenlewitz auch an einigen Stellen zur Torfgewinnung (überwiegend für Brennmaterial) (Abb. 24). Die Wiesen wurden im Frühjahr und Herbst ab 1835 zur Steigerung der Grünlanderträge durch ein anwachsendes schachbrettartig verlaufendes Kanalsystem etwa sechs Wochen lang berieselt (geflutet). Ab dem ersten Weltkrieg ersetzte mineralischer Dünger die Berieselung. Fahrdämme entstanden durch Aufschütten von Erdreich, das beim Ausheben der Gräben anfiel. Wurden diese Dämme außerdem mit Holzwerk unterlegt, sprach man von Knüppeldämmen. Diese erleichterten die Abfuhr des bis 1945 in der Regel nur einmal jährlich von Hand geworbenen Heus. Der Moorboden wurde tragfähiger und konnte nun zumindest bei trockener Witterung leichter betreten werden. Dieses führte laut FROMM und STRUCK aber auch zu einer bedeutenden Abnahme des Wildbestandes. Die Tiere wurden stärker beunruhigt und das Schwarzwild verlor Unterstände durch den Rückgang des dichten Rohrwuchses infolge der Entwässerung. Jedoch war die Lewitz bis auf die kurze Zeit der Heuernte und Jagden weiterhin fast völlig menschenleer, ein Zustand, der noch weitere 100 Jahre andauern sollte. Außerdem blieb die Lewitz noch so feucht, dass man die klimatischen Verhältnisse der Wiesenflächen in Zusammenhang mit einem üblicherweise ein Jahr andauernden aber meist unschädlichen „kalten Fieber" brachte, welches die sich hier niederlassenden Menschen befiel.

Die Vogelwelt fühlte sich bei diesen Gegebenheiten im Gegensatz zum Menschen weitaus wohler; allerdings führte sie ein verstecktes Leben und war auch durch die erschwerte Begehbarkeit des Gebietes (meist konnten lediglich die Dämme der größeren Gräben und Kanäle betreten werden) nur schwer zu beobachten. Eine Liste von Forstmeister Peterson aus Friedrichsmoor erlaubt einen ersten Einblick in das damalige Vogelleben. Es wurden 156 Arten genannt, allerdings fehlen Angaben über die Häufigkeit und ob die Vogelart brütete oder nur als Gast zu beobachten war.

Folgende erwähnenswerte Arten kamen laut dieser Liste in der Lewitz vor:
Steinadler (wahrscheinlich noch bis Mitte des 19. Jh. Brutvogel), Fisch- und Schreiadler, Wanderfalke, Korn- und Wiesenweihe, Sperlings-, Stein- und Rauhfußkauz, Sperbereule, Wiedehopf, Blauracke, Schwarzstorch, Nachtreiher, Großtrappe, Birkhuhn, Tannenhäher, Fichten- und Kiefernkreuzschnabel, Raub-, Schwarzstirn- und Rotrückenwürger, Blaukehlchen; außerdem werden viele Entenarten, Singvögel und Limikolen (Sumpf- und Schnepfenvögel) aufgezählt.

Abb. 23
Frühjahrshochwasser der Alten Elde am Schremmberg (1951)

Abb. 24
Torfabbau in der Garwitzer Feldmark (1922)

Abb. 25
Wäscherin beim Ludwigsluster Kanal (1937)

Abb. 26
Schleuse No. 1 (1930er Jahre) - heute ornithologische Station

1900 - 1945: Großer Brachvogel und Kampfläufer – Das Vogelparadies

Kurz nach der Anlage der periodischen Fischteiche am Anfang unseres Jahrhunderts erreichte die Artenvielfalt ihren Höhepunkt. Die künstlichen Gewässer boten nun parallel zu den Wald-, Sumpf, Wiesen- und ausgedehnten Schilfgebieten einen hervorragenden neuen Brutplatz und Lebensraum. Sicherlich war auch das Anlegen der Fischteiche auf Feuchtwiesenflächen ein Eingriff in das damalige Ökosystem, da zunächst Brutplätze der Sumpfvögel verloren gingen. Aber die Natur konnte dies kompensieren, da für diese Vögel noch genügend Ausweichflächen zur Verfügung standen und die Fischteiche durch ihre extensive Bewirtschaftung ökologische Nischen für andere sich neu niederlassende Vogelarten bildeten.

Spätestens in dieser Epoche galt die Lewitz als eines der wertvollsten Rückzugsgebiete für viele in anderen Teilen Deutschlands bereits selten gewordene Vogelarten. Ornithologen und Naturfreunde aus ganz Deutschland besuchten die Lewitz und berichteten in verschiedenen Fachzeitschriften begeistert über den einmaligen und reichhaltigen Vogelbestand. Besonders hervorgehoben wurden die Sumpfvögel (Limikolen) wie die Uferschnepfe.

Einen hervorragenden Eindruck von der damaligen Zeit bekommt man beim Lesen des bereits im Kapitel 2 dieses Buches erwähnten Artikels von Dr. FR. LINDNER aus dem Jahre 1903. Dieser Artikel ist deshalb in gekürzter Fassung im Anhang abgedruckt worden.

1908 schreibt außerdem RUDOLF ZIMMERMANN:

„...Die Lewitzwiesen sowohl, wie auch der noch zur Lewitz gehörende Friedrichsmoorer Forst nun beherbergen eine Tierwelt, wie wir sie gleich reichhaltig und mannigfaltig wohl nur an wenigen Stellen unsers Vaterlandes noch besitzen dürften. Die gänzliche Abgeschlossenheit des Gebietes vom Weltverkehr und Weltenlärm, der ausgedehnte, verständnisvolle Schutz, der den Tieren der Lewitz zuteil wird -auf eine Ausnahme hiervon komme ich später noch zu reden- und schließlich auch der Umstand, daß mit aller Schärfe und Strenge darauf geachtet wird, daß Unberufene, deren naturzerstörende Hand wir anderwärts leider nur allzuoft spüren, das Gebiet außerhalb der begangenen Wege nicht betreten, halten der Tierwelt jede Störung fern und haben sie zu ihrer schönsten und größten Entfaltung kommen lassen. Mir drängte sich bei meinen Wanderungen durch das Gebiet oft der Vergleich mit einem Naturpark auf, mit einem Naturpark, der unserem Vaterlande hoffentlich immer erhalten bleibt."
Weiterhin zeigt sich der Autor u.a. beeindruckt von der großen Anzahl an Brutpaaren der Uferschnepfe (er schätzt 80-100) und den Kampfplätzen des Kampfläufers mit bis zu 31 Individuen (23 Männchen, 8 Weibchen), die sich „einer neben dem anderen" an einem langen Damm befanden. Die Uferschnepfe hatte damals ihre maximale Verbreitung erreicht und der Brutbestand nahm in den folgenden Jahren wieder ab bzw. schwankte sehr stark.

Forstmeister FREIHERR VON MALTZAHN, von 1902 bis 1933 Vorstand des Forstamtes und gleichzeitig Gemeindevorsteher von Friedrichsmoor, endet 1914 in seiner Lewitzbeschreibung mit folgendem romantischen Schlusswort:

„Vom Tobelsberg im Schutzbezirke Suckow aus werfen wir – noch einmal zurückschauend – einen Abschiedsblick auf die weite, heute durchwanderte Landschaft und genießen das herrliche Panorama des in seiner Weltentlegenheit schwermütigen und doch in seiner Ruhe und unendlichen Weite lieblichen und erhabenen Waldbildes der alten „heiligen" Lewitz."

Einigen Zeitgenossen war die Lewitz allerdings damals schon nicht „heilig". Im selben Bericht wird auch der zahlreiche „Mord" an Vogelarten wie dem Fischadler, Fisch- und Nachtreiher, Möwen und Enten durch Pfahl- und Tellereisen dargelegt. Verantwortlich waren die Teichpächter, die dadurch sogar bis 1902 den Schwarzstorch ausrotteten, der davor mit 4-5 Brutpaaren nicht sehr selten war. Bekassinen und viele Entenarten waren dagegen so zahlreich, dass die regulär durchgeführte Jagd nach der Brutzeit keine Bedrohung ihres Bestandes darstellte.

WACHS beobachtet 1922 dann erstmalig das Brüten eines weiteren ornithologischen Leckerbissens in den Lewitzteichen, die von Osten eingewanderte Kolbenente, die von da an verstärkt im Fokus der Ornithologen stand und deren Bestandsentwicklung gut dokumentiert ist.

So berichtet E. BOCK 1930 ausführlich über das Vorkommen („bis zu 18 Stück in den letzten Jahren") und das interessante Balzverhalten der Kolbenente. H.v. HEDEMANN schreibt ergänzend im gleichen Jahr von 24 gleichzeitig beobachteten Kolbenenten. W. KAISER zählte 1943 schließlich sogar 50 Exemplare, die sich zur selben Zeit auf zwei Fischteichen aufhielten.

Durch den wirtschaftenden Menschen nahm der Druck auf die schützenswerte und für die Wissenschaft „hochbedeutende" einmalige Naturausstattung der Lewitz weiter zu, wie ein weiterer dem Vogelschutz in der Lewitz gewidmeter Artikel in der 2. Ausgabe der Zeitschrift des Heimatbundes Mecklenburg vom September 1920 belegt. Um die Schutzwürdigkeit der Lewitz zu unterstreichen, wird das Vorkommen von Vogelarten beschrieben (damals häufige Arten und Singvögel wurden nicht aufgeführt). Daher ist dieser Artikel zugleich ein Zeugnis für den unglaublichen Artenreichtum dieser Zeit. Im folgenden werden die aus heutiger Sicht interessantesten Arten genannt (Einteilung nach Häufigkeit laut Originaltext):

- *häufige Brutvögel:* Wiesenweihe, Große Rohrdommel, Wachtelkönig, Rotschenkel, Flussregenpfeifer, Waldschnepfe, Krick- und Knäkente, Trauerseeschwalbe, Lachmöwe mit Kolonie in den Teichen
- folgende Arten galten darüber hinaus aufgrund ihres häufigen und auffälligen Vorkommens als *Charaktervögel* der Lewitz: Kiebitz, Uferschnepfe, Großer Brachvogel, Kampfläufer, Kranich
- *regelmäßige Brutvögel:* Schreiadler, Wander- und Baumfalke, Sumpfohr- und Schleiereule, Steinkauz, Waldwasser- und Bruchwasserläufer, Pfeif- und Spießente, Flussseeschwalbe, Schwarzhals- und Zwergtaucher
- *seltene Brutvögel:* Großtrappe (besaß einen Balzplatz bei Garwitz), Birkhuhn (Bestand von 50 Stück), Wachtel, Zwergrohrdommel, Nachtreiher, Tüpfelsumpfhuhn, Pfuhlschnepfe
- *Nahrungsgäste:* Fischadler, vereinzelt Kormoran (war laut KUHK seit Ende des 19. Jh. als Brutvogel aus Mecklenburg verschwunden)
Nahrungsgast mit gelegentlichem Brutversuch: Seeadler
- *Rastvögel:* Grau-, Saat- und Blessgans

Die meisten Arten aus der Erfassung von 1866 finden sich auch in dieser Aufzählung wieder. Einige Arten, wie die Blauracke und der Sperlingskauz, werden nicht mehr genannt; dafür kamen aber neue Arten wie der Baumfalke und die Zwergrohrdommel dazu. Auf das vielseitige Vogelartenspektrum der Lewitz wirkten sich also langfristig die bis dahin erfolgten menschlichen Eingriffe nicht negativ aus.

Der Artikel beschreibt aber auch zugleich das erste ernsthafte Dezimieren des Vogelbestandes durch die Teichwirtschaft und das im Zuge der Veränderung des Jagdrechtes „wahllose Schießen" einiger Jäger. Auch das Abmähen des Schilfes durch eine motorenbetriebene Sense im Mai/Juni forderte viele Opfer unter dessen Bewohnern und erregte zurecht den Argwohn der Naturschützer.

Die damaligen aus engstirnigem wirtschaftlichen Interesse angewandten Methoden waren zwar brutal, richteten aber im Vergleich mit den späteren noch nicht einmal den größten Schaden an, weil der intakte Naturhaushalt immer noch ausgleichend funktionierte.

Die Schilderung dieser Vorkommnisse veranlasste Dr. H. WEIGOLD von der Vogelwarte Helgoland kurz darauf zu einem „Notruf in letzter Stunde", der aufgrund seiner bemerkenswerten Ausdrucksform und teilweise bis in die heutige Zeit hineinreichenden Aktualität im Anhang in seinem Originalwortlaut wiedergegeben wird und stellvertretend für zahlreiche andere Artikel aus dieser Zeit stehen soll.

Wenig später wurden erstmals Pläne bekannt, weite Teile der Lewitz trockenzulegen und in Weideland umzuwandeln sowie die Teiche als Wiese zu nutzen. Außerdem drohte die Umsetzung eines Projektes zur Begradigung der Alten Elde. Heftige Proteste bei den Naturschützern waren die Folge. Zitat 1926: „...Wir wissen uns eins mit der Anschauung weitester Kreise des Volkes, die ihre Heimat kennen und lieben, wenn wir die Überzeugung aussprechen, daß die Zerstörung der Lewitz eine Schädigung unserer Natur darstellt, die keine dabei beteiligte Stelle vor dem Urteil nicht nur der Nachwelt, sondern auch der deutschen Kulturgemeinschaft verantworten kann." Der mecklenburgische Heimatbund berief sich damals schon auf das Urteil von Sachverständigen, die den wirtschaftlichen Nutzen anzweifelten. Die kostspielige Unterhaltung des Meliorationssystems sowie die Verarmung/Vermullung und der Schwund des Moorbodens bestätigen dies heute.

VON MALTZAHN, einer der eifrigsten Kämpfer für ein Naturschutzgebiet „Lewitz", begründet 1930 die Notwendigkeit der gesetzlichen Unterschutzstellung u.a. so: „...Kulturexperimente und Kulturprojekte hat die Lewitz gerade in neuester Zeit in gehäufter Fülle über sich ergehen lassen oder abwehren müssen. ...Sie wurde schon früh zum kulturellen Versuchskaninchen der Technik. Und ist das geblieben." Ein großes Problem stellte der Einsatz von „motorischen Großmaschinen" während der Brutzeit der Wiesenvögel dar. Außerdem machte VON MALTZAHN den Angelsport und wachsenden Fremdenverkehr für eine Beunruhigung der Tierwelt verantwortlich. In seinem Bereich geht er als Forstmann mit gutem Beispiel voran und lehnt u.a. Kahlschläge als standortswidrig ab.

Tatsächlich war die Lobby der Naturschützer in dieser Zeit so stark und wohl auch die Kosten für weitere Entwässerungsvorhaben zu hoch, dass diese ernsten Gefahren zunächst erfolgreich von der Lewitz abgewendet wurden und 1938 dann wirklich 7.137 ha unter Naturschutz standen. Damit war die Lewitz das größte und eines der bedeutendsten Naturschutzgebiete Mecklenburgs sowie eines der wichtigsten Vogelreservate Deutschlands. Oberforstmeister VON ARNSWALDT sollte sich aber leider täuschen, als er daraufhin erfreut und optimistisch in einem Artikel in der Fachzeitschrift „Naturschutz" über dieses lang ersehnte Ereignis schlussfolgerte, dass die derzeitige Naturbeschaffenheit der Lewitz nun für immer erhalten bleibt und alle Gefahren von ihr abgewendet werden können.

1936 bot sich dem Wanderer (Dr. W. HARTMANN) im Frühling noch folgendes Bild: „Der Eingang zur Lewitz beginnt dort, wo die Wege aufhören. Eine fast unübersehbare Ebene tut sich auf, und kleine Dämme und Deiche ermöglichen den Marsch. Kanäle, Gräben und Bäche durchziehen die Lewitzwiesen. Hochaufragende vereinzelte Bäume und selten einmal eine kleine Brücke unterbrechen die Weite. Im saftigen Hellgrün leuchten die zum Teil noch unter Wasser stehenden Wiesen, und nur wenige vorjährige Schilfbestände mischen ihr fahles Ocker dazwischen. Schon am Rande der großen grünen Fläche künden ziehende Vögel, daß in den Wiesen ein reges Leben herrschen muß."

Ergänzend kann hinzugefügt werden, dass sich die Solitärbäume wie Erlen, Weiden und Pappeln an den damals noch zahlreicheren kleinen Gräben befanden. Das Wasser der größeren Gräben war teilweise so sauber, dass noch in den 1930er Jahren im Ludwigsluster Kanal bei Tuckhude Wäsche gewaschen wurde (Abb. 25). Baumreihen aus Birken, Eichen oder Kastanien markierten von weitem erkennbar die größeren Wege und Kanäle. Auffallend

war auch der Bewuchs an der Alten Stör, dem alten Ludwigsluster Kanal sowie an den einsam stehenden Schleusenwärterhäusern (Abb. 26). Auf einigen dieser Gebäude (Mittelschleuse, Eldekanalschleuse No.1) sowie in allen Lewitzranddörfern einschließlich Friedrichsmoor gab es besetzte Horste des Weißstorches (Abb. 27). 1932 zählte man insgesamt 30 Brutpaare – davon allein acht in Friedrichsmoor und vier in Mirow. 81 Jungstörche konnten großgezogen werden. Noch 1958 existierten in Neuhof neben dem bis heute vorhandenen Brutpaar vier weitere in dem Ortsteil „Krim" (nach Angaben von W. KAISER und H. ZIMMERMANN).

Der bekannte Ornithologe R. KUHK machte 1939 genaue Angaben zu den Vorkommen der einzelnen Vogelarten. Als Ergänzung zu den bereits genannten Spezies sollen einige hier noch einmal, zur Unterstreichung der damaligen großen überregionalen Bedeutung der Lewitz als Vogelbrutgebiet, hervorgehoben werden (M = Mecklenburg):

Seggenrohrsänger (sehr häufig), Kornweihe (Hauptbrutplatz in M), Wiesenweihe (einziger Brutplatz in M), Sumpfohreule (vereinzelt bis mehrzählig brütend), Flussseeschwalbe (1.000 Paare, größte Kolonie in M), Trauerseeschwalbe (70 Paare, größte Kolonie in M), Lachmöwe (1.000 Paare), Großtrappe (eines der Hauptbrutgebiete in M), Birkhuhn (einer von vier Beständen in M), Kolbenente (eins von drei Brutgebieten in ganz Deutschland), Pfeifente (einziger bekannter Brutplatz in M), Spießente (vereinzelt), Moorente (selten), Schwarzhalstaucher (25-30 Paare), Wachtelkönig (zahlreich), Kampfläufer (20 Paare), Uferschnepfe (4-12 Paare), Alpenstrandläufer (vereinzelt), Doppelschnepfe (vereinzelt), Triel (in neuerer Zeit im Lewitzgebiet nistend festgestellt)

Aus den verschiedensten Gegenden kamen Ornithologen angereist, um zum ersten Mal eine Kolbenente oder einen Kranich zu sehen. Der paradiesische Zustand sollte allerdings nicht mehr lange anhalten.

1945 - 1989: Kormoran und Blesshuhn – Handgranaten, Kühe und Ochsen

Dieser Zeitabschnitt brachte im Gegensatz zu den vorherigen eine grundlegende Verschlechterung der Lebensbedingungen für die einzigartige Brutvogelwelt der Lewitz. Die schwerwiegenden Eingriffe des Menschen förderten ab jetzt nicht mehr die Artenvielfalt sondern verminderten sie, immer weniger konnte die Natur ausgleichend wirken. Der Naturschutz musste sich ab jetzt fast völlig den politischen Machtverhältnissen und wirtschaftlichen Forderungen unterordnen, die kritische Naturschutzbewegung wurde entmündigt.

Am Ende des 2. Weltkrieges gab es erste Veränderungen und Verluste: Die Nazi-Luftwaffe benutzte zunächst einen Teil der Lewitz als Übungsplatz für den Bombenabwurf. Im April/ Mai war dann die Westlewitz als Niemandsland ein Rückzugsgebiet für die von Westen durch die Amerikaner und von Osten durch die Russen bedrängte dritte deutsche Armee. Dieses Gebiet wurde damit gleichzeitig eine wilde Mülldeponie für Waffen und Munition. Kurz darauf besetzten die russischen Truppen die gesamte Lewitz und erklärten sie mehrere Jahre nach Kriegsende zum Sperrgebiet. Die Rote Armee missbrauchte die Westlewitz in dieser Zeit als Zielgebiet zum Übungsschiessen und schlachtete zudem wahllos Haar- und Federwild ab. Tausende Granaten verseuchten bis in die 1950er Jahre hinein den Boden. Die periodischen Karpfenteiche waren außer Funktion bzw. verkamen. Raritäten, wie die Kolbenente und das Birkwild, verschwanden daher als Brutvögel.

Der bereits seit den 1930er Jahren geplante Bau der Autobahn Hamburg-Berlin durch die südliche Lewitz verschob sich durch den Krieg und seine Folgen allerdings erst einmal um 40 Jahre.

Ab Ende der 1950er Jahre wurden dann die Vernichtungsmethoden in Bezug auf die sich von den Kriegsfolgen erholte und noch immer reichhaltige Vogelwelt radikaler. Sie erreichten innerhalb von 30 Jahren einen so hohen Wirkungsgrad, dass die Lewitz ihre ursprüngliche

Bedeutung als Brutgebiet für fast alle der im vorherigen Abschnitt aufgeführten Arten nach und nach völlig einbüßte. Die weitaus gefährlicheren Waffen als Jagdbüchse und Tellereisen hießen Melioration, industrielle Großraumlandwirtschaft und intensive Teichwirtschaft (Rekonstruktion). Tausende Arbeitskräfte, schwere Maschinen und Millionen von Mark zur Schaffung eines „hochproduktiven" Intensivgrünlandes (1958-1962 und 1976-1980) kamen zum Einsatz. Jetzt detonierten keine Granaten mehr sondern Sprengsätze zur Anlage von Entwässerungsgräben.

1956 beschrieb der engagierte ehemalige Friedrichsmoorsche Dorfschullehrer und Ornithologe W. KAISER die sich abzeichnende negative Entwicklung folgendermaßen: „... Man könnte also aus einer erfolgreichen Sonntagswanderung schließen, daß sich nichts zum Schaden des Naturschutzgebietes verändert hätte. Wer jedoch systematisch den Brutvogelbestand der Lewitz feststellen und häufiger beobachten will, dem wird jede Lewitzfahrt zu einem Begräbnis. Jedes Mal erfährt er von Verlusten oder wird selber Zeuge von Störungen, die den wertvollen Brutvogelbestand schließlich vernichten müssen." (Zu diesem Zeitpunkt brütete in Friedrichsmoor bereits kein Storch mehr.)

Seine Forderungen und die anderer besorgter Naturfreunde, dieser Entwicklung entgegenzuwirken, bezeichneten die verantwortlichen Stellen als überflüssig, da die Lewitz unter Landschaftsschutz gestellt würde. Man rühmte sich damit, durch die Ausweitung der Schutzgebietsgrenzen über die Grenzen des alten Naturschutzgebietes hinaus noch mehr für die Erhaltung der Vogelwelt zu tun als jemals zuvor. Die meisten der in der Schutzgebietsverordnung enthaltenen durchaus auch positiven Ansatzpunkte wurden jedoch in der Realität kaum berücksichtigt. Teile der Waldlewitz, die Fischteiche und der Töpferberg standen zwar weiterhin unter Naturschutz, aber die zwei letztgenannten Gebiete wurden in der Folgezeit trotzdem intensiv bewirtschaftet und daher stark geschädigt. Die ebenfalls unter Naturschutz stehende Alte Elde wurde teilweise begradigt und der natürliche Uferbewuchs geschädigt. Mehrere Wehre verhindern seitdem die Durchlässigkeit und sie verkam durch das Unterbinden der Wasserzufuhr am Eldedreieck zu einem armseligen Rinnsal. Auch mit dem Artenschutz nahm man es zunächst nicht so genau. K. H. MOLL berichtet in seinem Buch „Der Fischadler", dass noch im Herbst 1960 an einem Karpfenteich in der Lewitz fünf geschossene Fischadler gefunden wurden, obwohl der Fischadler in der DDR ab 1955 als eine vom Aussterben bedrohte Tierart völlig unter Naturschutz stand.

Jedenfalls trat genau das ein, was die Naturschützer angeblich zu Unrecht befürchteten. Bis in die 1980er Jahre hinein sollten sich die als sozialistische Heldentat proklamierten rein wirtschaftlichen Bestrebungen und wissenschaftlichen Experimente, die das Antlitz der Lewitz nachhaltig entstellten, noch verstärken. Besonders schwerwiegend wirkte sich durch die weitere Absenkung des Grundwasserspiegels nach der zweiten Komplexmelioration von 1976 bis 1980 die Trockenlegung der letzten übriggebliebenen Feuchtwiesen auf die Brutvogelwelt aus. Schöpfwerke pumpten das Wasser bis auf den letzten Tropfen in die neuen tiefen Gräben. Der Feuchtgrünlandanteil im Lewitzgebiet sank auf ganze 0,3%! Wo einst Kampfläufer ihre imposanten Balzkämpfe austrugen und das Trillern des Großen Brachvogels allgegenwärtig war, grasten tausende Kühe auf großen einheitlichen Weideflächen die Monokulturen ab. Zahlreiche Feldgehölze, kleinere Gräben und das bewachsene, versumpfte Flussbett der alten Stör verschwanden; die letzte noch so kleine Ödlandfläche musste irgendwie genutzt werden. Ehemalige Wiesenflächen verwandelten sich in Weideflächen, einige sogar in eine Ackersteppe. Den mitten im NSG gelegenen Schultenberg, die wohl schönste Eldedüne der Lewitz, verschandelt seit den 1970er Jahren ein unansehnlicher Färsenbesamungsstand. Erschreckend ist der Flächenschwund des Niedermoorbodens, welcher zu den wichtigsten die Landschaft

prägenden natürlichen Gegebenheiten der Lewitz zählt. Der Rückgang ist für den Natur-haushalt katastrophal und letztendlich auch für die landwirtschaftliche Nutzung nachteilig. Als einziger Ausgleich für die gewaltigen Eingriffe sollten Heckenanpflanzungen mit häufig völlig lewitzuntypischen Gehölzen (z.B. Eschenahorn und Hybridpappeln) dienen.

Erwartungsgemäß kam es zum lokalen Aussterben vieler ehemalig heimischer Arten, wie z.B. des Seggenrohrsängers sowie der Korn- und Wiesenweihe; außerdem zum Zusammen-schrumpfen oder völligen Erlöschen der großen Populationen der Schnepfenvögel, wie Großer Brachvogel (bis 1976 noch 30 Brutpaare nach 1980 nur noch eins), Rotschenkel, Kampfläufer und Bekassine. Die einzige noch regelmäßig brütende Limikolenart ist seitdem der Kiebitz. Von den einst vorhandenen 30 Brutpaaren des Weißstorches zählte man 1988 im gesamten Lewitzgebiet nur noch sechs!

Auch der Wald blieb vom Intensivierungswahn nicht verschont. Die u.a. 1960 von SCHULTZ propagierte Umwandlung der Buchenaltbestände in lewitzfremde Pappel-, Fich-ten-, Douglasien- und Lärchenkulturen ist zum Teil umgesetzt worden. Außerdem litt auch das Wald-Naturschutzgebiet unter der Grundwasserabsenkung. Punktuelle Stickstoffemis-sionen aus Großstallanlagen und Gülleauffangbecken führten in den Lewitzrandbereichen zu Waldschädigungen. Natürlich hatte auch all dieses Auswirkungen auf die Zusammensetzung der Brutvogelwelt des Waldes.

In den rekonstruierten Teichen (ab 1978) kam es zu einem Schwund des Schilfbestandes auf einen geringen Bruchteil der ursprünglichen Fläche (Abb. 9, 10). Die großen Lachmöwen-, Trauer- und Flussseeschwalbenkolonien erloschen restlos. Seltenere Entenarten wie die Pfeif- und Spießente verschwanden, während sich große Bestände von Tafel- und Reiherente behaupten konnten. Haubentaucher, Graureiher und „Allerweltsvögel" wie Höckerschwan und Blesshuhn nahmen stark zu. Mehrheitlich aber nahm die Artenvielfalt und die Anzahl der Brutpaare vieler Arten in den rekonstruierten Fischteichen ab. Der Kormoran, einst gele-gentlicher Nahrungsgast, ist durch die bereits ab den 1950er Jahren erweiterte Teichfläche und das durch deren Rekonstruktion steigende reichhaltige Angebot mit leicht zu erbeutenden Fischen in seinem Bestand regelrecht explodiert (1992 / 121 Paare, Abb. 28). Er wird deshalb bis heute durch autorisierte Personen dezimiert bzw. vergrämt. Dies geschieht durch das Zerstören der Gelege und einen kontrollierten Abschuss; durch diesen werden aber auch andere geschützte Vogelarten erheblich gestört und deshalb der Schutzzweck des Natur-schutzgebietes stark beeinträchtigt.

Das Verlassen und Neubesiedeln der Lewitz durch einige Vogelarten schreibt man auch natürlichen Prozessen zu, z.B. durch großräumige Klimaschwankungen. Im 20. Jh. zählen zu solchen Neubesiedlern Kolbenente (ab 1922), Wacholderdrossel (ab 1960), Bartmeise (ab 1967), Beutelmeise (ab 1973) (Abb. 29), und Rohrschwirl. Nicht mehr nachweisbar war bereits vor 100 Jahren die Blauracke. Die Aussterbursache bzw. der Grund für die starke Vermehrung der meisten der genannten Arten liegt aber eindeutig in der radikalen Veränderung des Lebensraumes. Die Intensivierungsmaßnahmen wirkten sich negativ auf Artenspektrum und Individuenanzahl aus.

Fest steht also, dass diese Epoche, in der kein Einspruch Andersdenkender akzeptiert wurde, die bisher verheerendsten Auswirkungen auf die Avifauna und das Ökosystem der Lewitz hatte. Trotz großartiger Versprechungen in zahllosen Zeitungsartikeln und Publika-tionen konnten im Endeffekt Wirtschaft und Naturschutz nicht in Einklang gebracht werden.

Ein Beispiel ist das folgende Zitat aus einer SED-Propaganda-Broschüre 1981: „Aus dem versumpften, zum Teil ödlandähnlichen Grünland, entstand ein Gebiet mit fruchtbaren

Abb. 27
Der Weißstorch brütet in einigen Lewitzdörfern

Abb. 28   Der Kormoran, ein Fischfresser, kann durch sein massenhaftes Auftreten
ein fischereiwirtschaftliches Problem darstellen

Abb. 29
Die Beutelmeise, seit den 1970er Jahren regelmäßiger Brutvogel

Abb. 30
Der Schwarzspecht ist ein typischer Vertreter der Waldlewitz

Äckern, Wiesen und Weiden so weit das Auge blickt. Nichts hat die Kultivierung der Romantik dieses Landstrichs geraubt. Die Lewitz, das ist eine gelungene Synthese von wachsender landwirtschaftlicher Produktivität und Erhaltung der Natur in ihrer beglückenden Schönheit."

Dem Engagement von Naturschützern, wie Dr. H. Zimmermann, ist es zu danken, dass in dieser Ära Kleinode erhalten blieben und sich die Lewitz einige ihrer ökologischen Funktionen bewahren konnte. Die Bedeutung der Lewitz als Sumpfvogelbrutgebiet wich nach und nach der eines ausgedehnten Rast-, Mauser-, und Überwinterungsgebietes. Die Ansammlungen von (nichtbrütenden) Gänsen, Schwänen, Limikolen und Enten auf den nährstoffreichen Teichen und Grünlandflächen nahmen ständig zu.

In den 1980er Jahren schloss man die Rekonstruktion der Fischteiche ab. Die Autobahn Hamburg-Berlin tangiert seit 1983 die Südlewitz und zerschneidet einige lewitztypische Wiesen und Gehölzgruppen. Der eigentlich zur Lewitz gehörende Neustädter See wird jetzt außerdem durch diesen Verkehrsweg zu ihr abgegrenzt. Der Lärmpegel in der Umgebung, besonders am See, ist stark angestiegen. Die negativen Auswirkungen auf die Vogelwelt sind zwar gering, für den naturorientierten Tourismus und das Landschaftsbild aber nicht unerheblich.

1990 - jetzt: Fischadler und Zwergschwäne – neue Möglichkeiten, neue Gefahren

Obwohl das einstige Vogelparadies nicht mehr existiert, bietet die heutige Lewitz noch vielen Vogelarten anziehende Lebensraumqualitäten und ist ornithologisch gesehen sehr interessant geblieben. Die eindrucksvolle Dreiteilung des Lebensraumes in Wald-, Wasser- und Wiesenbiotope existiert noch und außerdem gehört die Lewitz zu den dünnbesiedeltsten Landstrichen Deutschlands. Sie trägt zurecht den Status eines EU-Vogelschutzgebietes.

Die entstandenen großen uniformen Grünlandflächen besitzen als Rast- und Überwinterungsplatz für nordische Sing- und Zwergschwäne sowie für Saat-, Bless- und Graugänse eine große internationale Bedeutung. Auf den riesigen wattenmeerähnlichen Schlammflächen der jährlich im Oktober abgelassenen Fischteiche finden Tausende durchziehende Limikolen, wie Kiebitze, Goldregenpfeifer und Bekassinen, reichlich Nahrung. Besonders im Frühjahr werden die sich hier und da (leider nur kurzzeitig) bildenden Wasserlachen auf den Wiesen ebenfalls sofort von diesen Vögeln besetzt. Darüber hinaus dient die Teich- und Waldlewitz vielen teilweise bedrohten Arten immer noch als Brut- und Mausergebiet.

Für das Wald- und Wiesengebiet sind gegenwärtig folgende Arten charakteristisch:
- *häufige Brutvögel:*
  im Wald: Amsel, Singdrossel, Buchfink, Waldbaumläufer, Kleiber, Ringeltaube, Zaunkönig, Trauerschnäpper, Waldlaubsänger, Rotkehlchen, Großer Buntspecht
  im Grünland: Feldlerche, Wiesenpieper, Schafstelze
- *regelmäßige Brutvögel:*
  im Wald: Waldschnepfe, Sperber, Habicht, Schwarzspecht (Abb. 30) und Mittelspecht, Zwergschnäpper, Sommergoldhähnchen, Kernbeißer, Waldkauz, Kolkrabe
  im Grünland mit Gehölzen: Kiebitz (Abb. 36), Braunkehlchen, Rot- und Schwarzmilan, Mäusebussard, Neuntöter
  in den Ortschaften: Weißstorch (Abb. 27)
- *seltene bis unregelmäßige Brutvögel:*
  im Wald: Wespenbussard
  Extensivgrünland mit Gehölzen: Baumfalke, Rebhuhn, Wachtel, Uferschnepfe, Großer Brachvogel, Sperbergrasmücke

Die Ornithologen G. SCHIEWECK und H. ZIMMERMANN erhoben genaue Daten zum aktuellen Brutvogelgeschehen in den Lewitzteichen. Die Bestandsentwicklung von 19 ausgewählten Vogelarten in den letzten fünf Jahren (1997-2001) wurde in einer Tabelle dargestellt (siehe Seite 63).

Im Neuhöfer Teichgebiet mit seinen naturnah mit Bäumen, Sträuchern und Schilf bewachsenen Inseln, Halbinseln und Dämmen sind darüber hinaus viele Singvogelarten beheimatet. Gemeinsam mit dem Neuhöfer Teich zählt die Teichgruppe Brahm, Möwenteich, Tellerflach (reine Naturschutznutzung) zu den Glanzlichtern des Vogelschutzgebietes. Die völlig verschilften flachen Teiche bilden die wertvollsten Brutbiotope.

Viele Jäger und Fischwirte der Gegenwart haben erfreulicherweise ein aufgeschlossenes Verhältnis zum Naturschutz. See- und Fischadler (Abb. 31, 35) können unbehelligt in den Teichen jagen und zur Zugzeit im Herbst kommt es nicht selten bei beiden Arten zu Konzentrationen von über 20 Exemplaren. Folgende Beobachtungen markieren Spitzenkonzentrationen: H. ZIMMERMANN registrierte an mehreren Tagen im August 1984 an einem überschaubaren Teichgebiet in nur jeweils drei Stunden zwischen 40 und 50 jagende Fischadler. Am 23.10.1999 erfasste der selbe Beobachter 35 Seeadler im Lewitzgebiet. Dass 1999 ein ausgesprochen seeadlerreiches Jahr war, belegt auch die Beobachtung von B. FELLNER, der am 16.10.1999 auf einem frisch abgelassenen Fischteich gleichzeitig 28 sitzende Seeadler zählte.

Auch der Adlerbrutbestand -außer dem des Schreiadlers, von dem seit 1969 kein Horst mehr gefunden wurde- nahm seit den 1980er Jahren zunächst allmählich und in den 1990er Jahren verstärkt zu (1939 brütete laut R. KUHK seit Anfang des 20. Jh. kein Fischadler in der Lewitz). Der Grund hierfür ist die Beachtung strenger Schutzbestimmungen wie die Einhaltung der Horstschutzzonen und das Verbot von Pestiziden (DDT) ab den 1970er Jahren; zumindest an diese Bestimmungen des DDR Naturschutzgesetzes wurde sich in dieser Zeit gehalten. Weiterhin wirkte sich die Erweiterung und Rekonstruktion der Teiche für diese Arten ebenso günstig wie für den Kormoran aus. An dieser Stelle muss aber betont werden, dass Fisch- und Seeadler anders als der Kormoran überwiegend kranke und schwache Fische erbeuten und somit wie alle Greifvögel die Funktion einer „Gesundheitspolizei" ausüben. Wenn sie auch keine Kulturfolger im eigentlichen Sinne sind, kommt doch Fisch- und Seeadlern die gegenwärtige Ausstattung der Kulturlandschaft Mecklenburgs sehr entgegen (große fischreiche eutrophierte flache Gewässer). Der Fischadler kann sich zudem sogar an die Nähe des Menschen gewöhnen und horstet z.B. in Amerika (lt. K. H. MOLL) in nächster Nähe von menschlichen Ansiedlungen. Vielleicht wird dieser faszinierende Greifvogel auch bei uns bald nach Art des Weißstorches auf den an Häusern oder Stangen angebrachten Wagenrädern brüten.

Eine Momentaufnahme für den noch immer expandierenden Bestand der Fisch- und Seeadlerpopulation in der Lewitz stellen die 2000 von HAUFF/FELLNER ermittelten Daten dar: Fünf erfolgreiche Fischadlerbrutpaare (alle auf Stromleitungsmasten) (Abb. 32)
2x drei Jungvögel, 2x zwei Jungvögel, 1x ein Jungvogel
Drei Seeadlerbrutpaare
1x zwei Jungvögel, 1x ohne Jungvögel, 1x Brutverdacht

Eine Besonderheit weist der in der Waldlewitz auf einer 160-jährigen Buche errichtete Horst des Seeadlers auf. Er wurde bis 1999 ununterbrochen 28 Jahre genutzt und zählt somit zu den ältesten bzw. am längsten besetzten in Deutschland. (Im Durchschnitt errichten Seeadler alle fünf Jahre einen neuen Horst.)

Abb. 31
Eine erfreuliche Bestandsentwicklung verzeichnet der Fischadler (Jungvogel am Horst)

Abb. 32
Alle Horste des Fischadlers befinden sich auf Stromleitungsmasten

Abb. 33
Kunsthorst des Wanderfalken

Abb. 34
Wanderfalke (Gehegeaufnahme), vielleicht bald wieder Brutvogel

Ein interessantes Projekt startete der Landesjagdverband M-V in Zusammenarbeit mit dem Arbeitskreis Wanderfalkenschutz des Deutschen Falkenordens. Im Randbereich der Lewitz werden seit 1995 jedes Jahr in mehreren Kunsthorsten 2-3 Wochen alte Wanderfalken-jungvögel ausgewildert (Abb. 33). Die Tiere werden in einer Zuchtstation erbrütet. Das Ziel ist die Wiederansiedlung einer baumbrütenden Wanderfalkenpopulation in Mecklenburg, wo durch Pestizideinsätze 1972 das letzte Brutvorkommen dieser Art erloschen war. Von 1995 bis 2000 gelangten insgesamt 75 Jungfalken zur Auswilderung. Im Jahr 2000 stellte sich der erste Erfolg ein. Ein Wanderfalkenpaar brütete auf einem Baumhorst im Kreis Parchim und zog dort Jungfalken auf. Auch im Jahr 2001 brütete das Paar wieder erfolgreich.

Die Chancen stehen also gut, dass sich der Wanderfalke (Abb. 34) auch wieder in der Lewitz, in der er bis 1968 brütete, ansiedelt und mit etwas Glück bei seinen rasanten Beute-Sturzflügen zu beobachten ist.

Die folgenden Daten (entnommen aus dem Gutachten des Ingenieurbüros Schwerin für Landeskultur, Umweltschutz und Wasserwirtschaft GmbH) sollen noch einmal die aktuelle überregionale Bedeutung der Lewitz für die Vogelwelt unterstreichen:

1990-1995 konnten 227 verschiedene Vogelarten beobachtet werden. Davon sind 128 Arten Brutvögel, 196 Arten Rastvögel und 18 Arten Überwinterer. Von diesen Spezies stehen 77 Arten auf der Roten Liste des Landes M-V, 66 Arten auf der Roten Liste von Deutschland und 38 Arten sind entsprechend europäischen Festlegungen besonders geschützt.

Den größten Anteil der rastenden Zugvögel stellen im Herbst und Frühjahr die folgenden Arten: Blessgans (bis 50.000 Individuen), Saatgans (bis 12.000), Graugans (bis 400), Zwerg-schwan (bis 1.000), Singschwan (bis 400), Kiebitz (bis 21.000), Goldregenpfeifer (bis 6.500), Großer Brachvogel (bis 300), Stockente (bis 13.500), Tafelente (bis 8.000), Pfeifente (bis 4.000) und Schafstelze (bis 800) gezählte Individuen an einem Tag und das sind längst nicht alle Arten mit solch gigantischen Zählergebnissen. Folgende interessante Vogelarten treten weiterhin als Durchzügler und/oder Wintergäste auf:

Schwarzstorch, Kurzschnabel-, Weißwangen-, Ringel-, Kanada- und Brandgans, Spieß- und Schellente, Zwergsäger, Kornweihe, Rauhfußbussard, Merlin, Austernfischer, Kampf-läufer, Grünschenkel, Goldregenpfeifer, Sumpfohreule, Raubwürger und Wacholderdrossel. Im Sommer fallen auf frisch gemähten Wiesen Anhäufungen von nichtbrütenden Weiß-störchen (bis 150 Stück) ins Auge. Stare bilden Schwärme, die oft mehrere tausend Tiere umfassen und aus der Ferne wie Mückenschwärme aussehen. Abends können diese lautstark beim Einfall in ihre Schlafplätze in den Schilfgebieten der Teiche beobachtet werden.

Diese und andere Gäste, bei der Blessgans sind es bis zu 13 % der Gesamtpopulation, nutzen das nährstoffreiche Futter des Grünlandes als Nahrung sowie die Wasserflächen der Teiche und des Neustädter Sees als Schlafplätze.

Nach wie vor kann der Natur- und Vogelbeobachter beeindruckende Naturerlebnisse in der Lewitz sammeln. Die im Anhang durch den Autor geschilderte Exkursion „Vögel auf der Reise" gibt einen Eindruck vom aktuellen Zugvogelgeschehen wieder.

Durch den Übergang zu einer extensiven Bewirtschaftung größerer Grünlandflächen sowie bei der heutigen Fischproduktion besteht die Hoffnung auf eine Normalisierung des Naturhaushaltes. Renaturierungsprojekte wurden entwickelt und teilweise umgesetzt. Aber kaum zeigen sich erste Erfolge, besteht die Gefahr, dass die Naturschützer in absehbarer Zukunft endgültig im Kampf um den Erhalt der Lewitz unterliegen. Auch nach den großen politischen und gesellschaftlichen Veränderungen nach 1990 droht die Vogelwelt noch weiter

zurückgedrängt zu werden. Das große Problem besteht weiterhin in der teilweise inkonsequenten Durchsetzung der Schutzbestimmungen.

Vermehrter Grünlandumbruch zu Ackerflächen, weiterer Moorschwund durch ein anhaltend negatives Grundwasserverhältnis, starke Verkehrsentwicklung mit einhergehenden Emissionen und Straßenausbau, Müllablagerungen und erhöhte Freizeitaktivitäten sind nur einige Beispiele dafür. Nach Aufhebung der bis 1990 jährlich vom 15.4.-31.10. verhängten Weidesperrzone wurden die bereits in den 1960er und 70er Jahren befestigten und mit einer Asphaltschicht versiegelten Wege der Lewitz von einer sprunghaft ansteigenden Anzahl von Autos befahren. Einen sehr einschneidenden Eingriff in das Landschaftsbild und in das Ökosystem stellte auch die Rekonstruktion der Müritz-Elde-Wasserstraße durch das Wasser- und Schifffahrts-Amt Lauenburg ab 1997 dar. Schilf und Uferbewuchs mussten einer Versiegelung des Ufers mit Steinschotter weichen. Brutplätze für Schilfbrüter, wie den Teichrohrsänger und auch Fischunterstände gingen verloren (Abb. 13, 14).

Ziel der neuerlichen Naturschutzbestrebungen, auch des LEWITZPROJEKTES des NABU M-V ist es, diesen negativen Entwicklungen entgegenzuwirken. Dabei darf im Interesse der Erhaltung einer lewitztypischen Vogelwelt die wirtschaftliche Nutzung nicht eingestellt werden. Diese ist vielmehr im größeren Umfang zu extensivieren. Mit den Bewirtschaftern muss eine Zusammenarbeit angestrebt werden. Außerdem bietet sich die Chance durch einen naturbezogenen und naturverträglich gelenkten Tourismus Einnahmequellen für regionale Unternehmen zu erhalten und neu zu schaffen. Teile der Lewitz bedürfen dazu aber noch einer ökologischen und landeskulturellen Umgestaltung. Rastende Gänse im Herbst und Frühjahr auf diesen Arealen sollten auch für den Naturschutz kein alleiniges Kriterium zum Festhalten am jetzigen Zustand sein; durch die Wiedervernässung geeigneter Wiesen- und Waldstandorte würde zumindest ein Teil der verschwundenen Brutvögel zurückkehren. Die im Lewitzzentrum entstandenen Ackerflächen sind wieder in Grünland umzuwandeln. Außerdem bedarf die zu einem Meliorationsgewässer degradierte Alte Elde einer umfassenden Renaturierung. Weiterhin sind die restlichen landschaftsbelebenden Solitärgehölze vor landwirtschaftlichen Einflüssen zu schützen, Ersatzpflanzungen für bereits geschädigte Bäume vorzunehmen und bestehende Anpflanzungen aus standortfremden Bäumen und Sträuchern schrittweise durch einheimische Arten zu ersetzen. Auch zur Förderung der Erholung muss wie in anderen Schutzgebieten eine Lenkung und Einschränkung des Kraftfahrzeugverkehrs erfolgen. Für den Autoverkehr entbehrliche Wege sollten Wanderern, Fahrradfahrern und Pferdekutschen vorbehalten bleiben. Weitere Straßen oder sonstige Bauten dürfen zukünftig nicht mehr entstehen. Die Jagd auf Gänse und andere Vögel ist zeitlich und räumlich auf das unbedingt notwendige Maß einzuschränken.

Fazit: Die Renaturierung einiger Areale, der Erhalt und die Extensivierung der Bewirtschaftung von Grünland- und Teichflächen, das Anstreben eines naturnahen Waldbildes in der Waldlewitz, die Schaffung einer hauptamtlichen Schutzgebiets-Verwaltung (besonders zur Kontrolle bestehendender Gesetze und Vorschriften) sowie ein gelenkter sanfter Tourismus außerhalb der sensiblen Bereiche sind die geeignetsten Mittel, um die Lewitz für die Vogelwelt und die Naturliebhaber zu erhalten. Dadurch wird sie sicherlich auch vieles von ihrer ehemaligen Artenvielfalt und Schönheit zurückgewinnen. Die Naturschutzbewegung der Lewitz kann dabei auch auf den traditionsreichen Heimatschutzgedanken der 20er und 30er Jahre des 20. Jahrhunderts aufbauen.

Abb. 35
Einer der beeindruckendsten Vertreter der Vogelwelt: der Seeadler (Gehegeaufnahme)

Abb. 36
Der Kiebitz, einzige noch regelmäßig brütende Limikolenart

Abb. 37
Eisvogel auf dem Ansitz

Brutbestände ausgewählter Vogelarten im Naturschutzgebiet „Fischteiche in der Lewitz" in den letzten fünf Jahren

Art	1997			1998			1999			2000			2001		
	BN	BV	BG	BN	BV	BG	BN	BV	BG	BN	BV	BG	BN	BV	BG
Haubentaucher	7	5	12	-	20	20	2	14	16	21	2	23	55	-	55
Rothalstaucher	1	2	3	-	4	4	-	5	5	8	-	8	9	-	9
Zwergtaucher	5	5	10	1	5	6	2	2	4	7	2	9	4	4	8
Kormoran	15	-	15	-	-	-	18	-	18	8	-	8	-	-	-
Rohrdommel	-	4	4*	-	3	3*	-	3	3*	-	4	4*	-	4	4*
Stockente	-	50	50	-	60	60	-	60	60	-	50	50	5	40	45
Schnatterente	-	10	10	-	10	10	-	10	10	-	5	5	-	5	5
Reiherente	-	30	30	-	35	35	-	30	30	-	40	40	-	30	30
Tafelente	-	30	30	-	25	25	-	20	20	-	30	30	-	20	20
Graugans	4	-	4	8	-	8	17	10	27	7	5	12	9	5	14
Höckerschwan	17	-	17	23	-	23	35	-	35	16	-	16	28	-	28
Rohrweihe	7	5	12	5	5	10	12	3	15	10	2	12	4	7	11
Blässhuhn	-	30	30	-	80	80	-	50	50	-	60	60	-	60	60
Teichhuhn	-	4	4	-	10	10	-	8	8	-	7	7	2	8	10
Kleines Sumpfhuhn	-	3	3*	-	2	2*	-	3	3*	-	1	1*	-	-	-
Eisvogel	1	-	1	2	-	2	4	-	4	3	-	3	3	-	3
Beutelmeise	14	2	16**	29	-	29**	22	-	22**	28**	2	30	44	-	44**
Bartmeise	-	20	20	-	30	30	-	30	30	-	40	40	-	50	50
Drosselrohrsänger	-	17	17*	-	13	13*	-	20	20*	-	19	19*	1	12	13

Quelle: Jahresberichte 1997 bis 2001 über das NSG „Fischteiche in der Lewitz" (G. SCHIEWECK & H. ZIMMERMANN)

BN   Brutnachweis
BV   Brutverdacht (BP geschätzt)
BG   BP gesamt
*   Rufer / Reviere
**   Nester

Quellenverzeichnis:

VON ARNSWALDT (1938): Das Naturschutzgebiet „Die Lewitz" in Mecklenburg. - Naturschutz Jg. 20: 126-129.

BELZ, R. (1926): Wieder einmal die Lewitz. - Heimatbund Mecklenburg: 84-86.

FROMM, L. & STRUCK, C. (1866): Beschreibung des Störbeckens.

GEHRTZ, K. (1959): Die Lewitz – wie sie war und sein wird. - Land und Leute (Hrsg.) Nr. 1: 9-21.

HARTMANN, W. (1936): Die Lewitz. - Naturschutz Jg.17: 148-149.

HAUFF, P. (2001): Horstbäume des Seeadlers in M-V. - Berichte Vogelwarte Hiddensee 16: 162.

HAUSMANN, F. (1957): Die Lewitz - das größte und wertvollste Naturschutzgebiet der DDR. - Land und Leute (Hrsg.) Nr. 7: 195-198.

HEIMATBUND MECKLENBURG (1920): Zum Vogelschutz in der Lewitz: 41-51.

HOFFMANN, M. (1981): Lewitz Verwirklichte Bauernträume. - Kooperationen der Lewitz (Hrsg.): 3, 76-82.

HÜBNER (1992): Die Waldlewitz – ein Weichlaubholzgebiet. - Forstamt Bahlenhüschen.

IBS INGENIEURBÜRO SCHWERIN (1997): Gutachten zum Europäischen Vogelschutzgebiet „Lewitz".

KAISER, W. (1956): Vögel der Lewitz. - Neue Mecklenburgische Monatshefte (Nr. 3): 172-176.

KAISER, W. (1960): Die Lewitz als Vogelschutzgebiet. - Naturschutzarbeit Heft 5: 31-34.

KLAFS, G. & STÜBS, J. (1987): Die Vogelwelt Mecklenburgs. - Gustav Fischer Verlag Jena.

KUHK, R. (1939): Die Vögel Mecklenburgs.

MALTZAHN, FREIHERR VON (1914): Die Lewitz. - Mecklenburg 9.

MALTZAHN, FREIHERR VON (1930): Die Lewitz als Naturschutzgebiet. - Bericht über die 51. Hauptversammlung des Verein Mecklenburgischer Forstwirte.

MOLL, K.-H. (1962): Der Fischadler. - Die neue Brehm-Bücherei: 13, 88.

MULSOW, H. (1941): Entstehung und Entwicklung der Lewitz. - Inaugural-Dissertation.

SCHLÜTER, E. (1938): Die Lewitz vor 80 Jahren. - Heimatbund Mecklenburg: 97-100.

SCHULTZ, K. R. (1962): Die Lewitz, ihre Entstehung und Entwicklung zu einem intensiven Wirtschaftsgebiet. - Rat des Bezirkes Schwerin.

SCHWERINER VOLKSZEITUNG (1958-1962).

SIEBER, H. (1972): Die vom Aussterben bedrohten Tierarten im Bezirk Schwerin. - Naturschutzarbeit Heft 1-3: 11-16.

VOSS, E. (1997): Die Lewitz Bekanntes unbekanntes Land. - Mecklenburg Magazin (SVZ).

ZIMMERMANN, H. (1986): Fischadlerkonzentration in der Lewitz. - Ornithologischer Rundbrief Mecklenburgs 29: 3-4.

ZIMMERMANN, H. (1989): Die Vogelwelt der Lewitz im Wandel. - Land und Leute: 8-12.

ZIMMERMANN, H. (1991): Brut und Durchzug von Limikolen in der Lewitz. - Ornithologischer Rundbrief M-V 34: 35-49.

ZIMMERMANN, H. (ca.1994): NSG Fischteiche in der Lewitz. - nordland Kartenverlag GmbH.

ZIMMERMANN, R. (1908): Ornithologische Wandertage in der Lewitz. - Zoologischer Beobachter.

Außerdem:
Internetseite des Landesjagdverbandes M-V (www.LJV-Mecklenburg-Vorpommern.de)
Mündliche Auskünfte von zahlreichen Zeitzeugen, stellvertretent seien genannt:
Horst Zimmermann (Schwerin), Walter Dahnke (junior, Schwerin), Manfred Hoffschulz (Garwitz) und Johanna Auge (Tuckhude)

Anhang

Im Brutgebiete der schwarzschwänzigen Limose und des schwarzen Storches.

(gekürzter Beitrag aus dem Jahr 1903, lateinische Namen wurden durch deutsche ersetzt)
P. Dr. Fr. Lindner

Es wird von Jahr zu Jahr schwerer, Ornithologie zu treiben. Die Altmeister der klassischen Zeit der Ornithologie hatten es leichter, großes zu leisten, als das Geschlecht von heute. Sie konnten noch aus dem Vollen schöpfen, zu ihrer Zeit war es in vielerlei Beziehung leichter als jetzt, durch eigene Beobachtung sich eine reiche ornithologische Erfahrung, ein auf eigene Anschauung gegründetes umfassendes Wissen zu erwerben, das sie durch Veröffentlichung anderen vermitteln konnten. Damals herrschten noch ganz andere, für ornithologische Studien ungleich günstigere Verhältnisse als heutzutage. Auf Kosten des Naturlebens, in erster Linie des einst so reichen Vogellebens, hat die Kultur ihre Fortschritte errungen. Die letzten Jahrzehnte haben eine rapide Abnahme des Arten- und Individuenbestandes der Vogelwelt in vielen Gegenden Mittel-Europas gezeitigt. Die dichten lebenden Hecken am Feld- und Bergesrand wurden ausgerottet, in den Gärten durch Latten- oder Drahtzäune ersetzt; Buschwerk und dichtes Unterholz niedergehauen, hohle Bäume im Walde von der modernen Forstkultur nicht mehr geduldet, alles irgend noch kultivierbare Brachland unter den Pflug genommen. Dadurch verlieren viele Kleinvögel, Höhlenbrüter und Ödland liebende Vogelarten Schutz und Nistgelegenheit, werden seltener und verschwinden schließlich ganz aus diesen Gegenden. Am allerschlimmsten aber ergeht es den für den Beobachter so interessanten Sumpfvögeln. Das große Raubtier, homo sapiens benamset, raubt ihnen mit grausamer Konsequenz ein Gebiet nach dem anderen. Sümpfe und Moräste werden trockengelegt, oder, wie neuerdings vielfach in Mecklenburg, in große Fischteiche verwandelt. In Deutschland sind es nur noch wenige Gegenden, in denen ein reiches und wenig gestörtes Sumpfvogelleben in freier Natur zu beobachten ist, abgesehen von dem Strand- und Ufergelände am Meere, an Seen und Flüssen, in welchem zur Zugzeit mehr oder weniger regelmäßig Sumpfvögel auf dem Durchzuge sich zeigen. Mit wehmütigem Neid lesen wir heutzutage die früheren Schilderungen goldener Zustände, die damals so viele jetzt längst in Ackerland verwandelte Gegenden Deutschlands in dieser Beziehung aufzuweisen hatten, und mit banger Sorge erfüllt uns einerseits das brutale Raubsystem, das gegen Sumpfvögel in Anwendung gebracht wird (speziell die Reiherverfolgung) und andererseits die rasch fortschreitende Inkulturnahme von Sumpfgegenden auch in solchen Ländern, die, wie Ungarn, bis in die neueste Zeit hinein noch als das Dorado der hochstolzierenden, schmucken Sumpfvögel gelten konnten.

Eine um so lebhaftere Freude edlen, reinen Naturgenusses gewährt es daher einem in vogel- namentlich sumpfvogelarmer Gegend ansässigen Ornithologen, einmal ein solches Sumpfvogelparadies auch noch im deutschen Vaterlande schauen zu dürfen, wie es mir im Mai dieses Jahres vergönnt war. Und meine Freude war um so größer, als ich diesen hohen Naturgenuß in Gesellschaft eines lieben Alters- und Amtsgenossen genießen durfte, mit dem mich die gemeinsame Begeisterung für unseren Beruf einerseits, wie für die Naturforschung und insbesondere die Ornithologie andererseits verbindet. Nach schriftlicher und telegraphischer Vereinbarung traf ich am 7. Mai vormittags auf dem Bahnhofe Ludwigslust i./M. an der Berlin-Hamburger Bahn mit Herrn Pastor G. Clodius-Camin zusammen, der außer vielen ornithologischen und botanischen Arbeiten in Zeitschriften auch in Gemeinschaft mit dem am 21. Dezember 1902 verstorbenen Baurat C. Wüstnei, das Buch „Die Vögel der Großherzogtümer Mecklenburg" herausgegeben hat. Einen kundigeren und lieberen Führer in das

hochinteressante, aber für den Ortsunkundigen ohne Führer oder Generalstabskarte fast ganz unnahbare Gebiet, in welchem wir nun zwei Tage in ornithologischen Hochgenüssen schwelgen sollten, hätte ich nicht finden können. Von Ludwigslust fuhren wir mit der Bahn nach dem mecklenburgischen Städtchen Neustadt. Von hier aus wanderten wir, den Neustädter See links liegenlassend, zuerst durch losen Sand und einen Kiefernwald nordwärts dem Ziele unserer Wünsche, der Lewitz entgegen. Die Lewitz ist ein ungefähr 2 $^1/_2$ Quadratmeilen großes, flaches und sumpfiges Gebiet nasser Wiesen mit einigen wenigen dünenartigen Erhöhungen. Im Osten stößt die Lewitz an die Spornitz-Parchimer Höhen, deren höchster Punkt 126 m über dem Meere gelegen ist. Durchströmt wird die Lewitz von der in unzähligen Krümmungen dahinfließenden Elde. Eine große Anzahl parallel laufender und sich rechtwinklig schneidender größerer und kleinerer Kanäle und Gräben, deren Ufer nur zum Teile so hoch sind, daß sie auch ohne Wasserstiefel beschritten werden können, durchkreuzen die große, grüne und zum Teile blaue Fläche; blau, weil sich auch ausgedehnte Wasserflächen großer, flacher Fischteiche vorfinden, auf denen Möven, Seeschwalben, Enten, Taucher, Wasser- und Teichhühner sich tummeln. Nur wenige feste und wenigstens bei gutem Wetter fahrbare Wege führen durch dieses weite Gebiet, in welchem der ornithologische Beobachter meilenweit und stundenlang auch auf nicht ein einziges Exemplar der ihm bei seinen Beobachtungen so unliebsamen und störenden Gattung Mensch stößt. Hier fühlt er sich einmal ungestört und frei als Herr der Situation; hier eröffnet sich ihm ein unerschöpflicher und unversiegbarer Quell reiner, schöner Freuden, deren erhebendem Genuße er sich mit ungetrübter Lust hingeben darf. Unvergeßlich werden mir die schönen Stunden bleiben, die ich dort verleben durfte, und unverwischbar die neuen und gewaltigen Eindrücke, die ich da gewann. War uns doch das Glück an jenen sonnigen und wonnigen Maitagen auch ganz besonders hold. Im Jahre zuvor war der wackere Vorsitzende des Münchener ornithologischen Vereines, Dr. Parrot, in Baurat Wüstnei's Begleitung vergeblich in der Lewitz gewesen, um deren interessanteste ornithologische Erscheinung, die erst seit 1899 als Brutvogel der Lewitz von Clodius und Wüstnei entdeckte schwarzschwänzige Uferschnepfe zu beobachten. Sie hatte sich, obschon sicher vorhanden, nicht gezeigt. Sie scheint ihre besonderen Launen und Mucken zu haben. Denn während wir an dem einen Tage etwa 60 Exemplare – meist einzeln oder paarweise, seltener in kleinen Trupps – fliegend, sitzend und laufend beobachten und während ihres Fluges ihre Laute hören konnten, war am anderen Tage, ohne daß uns ein Erklärungsgrund dafür ersichtlich geworden ist (das Wetter war dasselbe wie tagszuvor) von ihnen fast nichts zu sehen und zu hören. Es gilt also von diesem Vogel besonders, daß man aus der Nichtbeobachtung desselben noch keineswegs zu der Behauptung seines Nichtvorkommens kommen darf.

Doch nun zu den Beobachtungen in der Lewitz selbst. Nachdem wir aus dem Kiefernwald heraus in eine Gegend gelangt waren, in welcher Buschwerk mit Wiesen und sandigen Partien, die nur mit dürftigem Graswuchs bestanden waren – an einigen Stellen fand sich massenhaft blühend die schöne Wiesenkuhschelle – abwechselten und wir vergeblich nach den sonst hier vorkommenden Trielen und Sperbergrasmücken ausgeschaut und auf den neu angelegten Fischteichen Haubentaucher, März(Stock)-, Knäk- und Krickenten, viele Löffelenten und ein Paar Tafelenten, sowie unter den vielen Krähen eine große Anzahl Bastarde zwischen Raben- und Nebelkrähe beobachtet hatten, führte uns der Weg weiter in die Nähe des Eldeufers. Zunächst liegt rechts vom Wege noch sandiges Ackerareal neben noch ziemlich trockenen Wiesen. Hier ist einer der häufigsten Brutvögel der Wiesenpieper. Bald hören die Äcker auf und wir sind auf den Lewitzwiesen. Von einer der wenigen, nur einige Meter hohen dünenartigen, mit dürftigem Graswuchs und isländischem Moos bestandenen

Höhen halten wir Umschau. Während im Osten die etwa zwei Stunden weit von unserem Standorte gelegenen bewaldeten Spornitzer Höhen sich deutlich vom Flachlande abheben, schweift der Blick nach Norden und Westen weithin über die Fläche des Wiesenlandes; nur im Nordwesten hebt sich die Horizontlinie zu den Konturen des großen Friedrichsmoorer Waldbestandes. Schon grüßen uns die ersten Bewohner der nassen Lewitzwiesen: Kiebitze, einzelne Rotschenkel und Dunkle Wasserläufer, sowie die dann weiter immer zahlreicher auffliegenden, häufig noch balzenden (meckernden) Bekassinen und großen Brachvögel. Letztere gehören neben den Limosen und Kampfläufern zu den Charaktervögeln der Lewitz. Der große Brachvogel („Keilhaken", „Kronschnepfe"), ist ein wahrer Gaukler. Immer aufs neue weiß er dem Beobachter etwas vorzumachen, sei es, daß er ihn unter ängstlichem Geschrei aus der Nähe seines Nestes fortzulocken versucht, sei es, daß er ihn durch verändertes Flugbild, das bald eulenartig, weihenähnlich, bald mövenartig erscheint, aus der Ferne über seine Identität täuscht, oder durch wunderliche Töne ihm Rätsel zu raten gibt. Auf dem Zuge sowohl wie am Brutplatze läßt er als Lock- und als Warnruf sein melodisch flötendes „Tüh, tlüih" als Liebes- und Balzgesang ein wunderlich quellendes „Quü ü ü ück" vernehmen; außerdem aber noch mancherlei kürzere Rufe, die sich schwer beschreiben lassen. Auf einer der genannten Anhöhen, in deren Nähe ein Brachvogel schreiend und erregt umherflog, und schon dadurch uns auf sein Nest schließen ließ, fanden wir in einer flachmuldigen Vertiefung zwischen isländischem Moose das volle Gelege von 4 noch frischen Eiern. Die großen Eier, die auf olivgrünlicher Grundfarbe braungraue Unterflecke und olivbraune Oberflecke aufweisen, sind mit der Spitze der Mitte des Nestes zugekehrt und durch ihre Schutzfärbung der Umgebung so vortrefflich angepaßt, daß sie schwer zu bemerken sind. Auf dem Neste dürfte man nur sehr selten den brütenden Vogel überraschen. Da er meistens auf einer etwas erhöhten Stelle nistet, bemerkt der überaus vorsichtige und scharfsichtige Vogel von weitem schon die Annäherung des Menschen entweder selbst, oder er wird durch den in der Nähe des Nestes Wache haltenden Gatten durch Warnrufe aufmerksam gemacht. In geduckter Stellung schleicht er vom Neste weg, durch das schon ziemlich hohe Gras gedeckt, und fliegt erst in einiger Entfernung vom Neste auf. Wir hatten Gelegenheit, diese schlaue Taktik recht frappant kennen zu lernen. Ich hatte am Vormittag des ersten Beobachtungstages zwei Eier dem Neste entnommen, das in einer Nische des Hügels stand, bis zu deren Rand ich mich am Abend des zweiten Tages, jedoch bei noch genügendem Lichte, bis auf etwa 15 Schritte Entfernung, ungesehen vom Brutvogel, her anschlich. Aber vergebens suchte ich, am Rande kriechend angelangt, den brütenden Vogel zu erspähen. Der war, vom Gatten aus der Luft über den verdächtigen heranschleichenden Gast rechtzeitig benachrichtigt, bereits weggeschlichen. Erfreulicherweise gehört der große Brachvogel zu denjenigen wenigen Sumpfvogelarten, die als Brutvögel an Bestand in Mecklenburg zugenommen haben. „Nach der Brutzeit", schreibt Clodius, „geht er an die Ostseeküste; wir sahen ihn anfangs August in Scharen bis zu 50 Stück bei Schwerin von Süden nach Norden durchziehen, also von der Richtung der Lewitz und Eldewiesen, wo er häufig brütet, nach der Seeküste zusteuernd. Dort stellt er sich oft schon im Juli ein; er heißt deshalb Augustvogel. Es vereinigen sich dort die hiesigen Brutvögel mit den aus Norden kommenden zu größeren Scharen. Sie werden in dieser Zeit in guten Jahren in großer Zahl erlegt und in den Handel gebracht. Ende September ziehen sie weiter nach südlichen Gegenden. Auf dem Rückzuge im April sieht man ihn nur in kleinen Flügen oder einzeln".

Nachdem wir jene Anhöhe verlassen hatten, führte uns der Weg zwischen nassen Wiesen rechts und links in die Nähe des Eldeufers. Hier fanden wir einen der zahlreichen Kampfplätze der Kampfhähne. Über 20 Männchen in den allerverschiedensten Färbungen –

vom tiefsten Dunkelbraun und Dunkelblau bis zum fast reinen Weiß und lichten Gelb des Halskragens – saßen da versammelt und führten in kleinen Gruppen zu zweien ihre bekannten harmlosen Kampfspiele auf. Daß wir am ersten der aufgefundenen Kampfplätze über 20 Hähne antrafen, die in buntem Wechselspiel ihre Zweikämpfe ausführten, war übrigens eine Ausnahme von der von uns auch bald weiterhin bestätigt gefundenen Regel, daß meistens je nur 6-10 Männchen ihren Kampfplatz haben. Diese Kampfplätze, die auf Uferrändern an Flüssen, Gräben und grasigen Wegen und Wällen liegen, wo kein hohes Gras wächst, werden mit beispielloser Zähigkeit festgehalten. Sie sind sofort erkenntlich an dem niedergetretenen, mit Schlamm und Exkrementen beschmutzten Rasen oder festgetretenen bloßen Erdboden und meist nur etwa 1-1 $\frac{1}{2}$ m im Durchschnitt groß. Da jeder Kampfhahn zudem noch seinen ganz bestimmten Standplatz darauf hat, ist es ganz leicht, die Vögel mit Fußschlingen zu fangen. Sie gewöhnen sich leicht an die Gefangenschaft und gewähren auch da durch ihre Kampfspiele viel Kurzweil.

Kaum hatten wir uns vom ersten Kampfläuferplatz entfernt, da hörten und sahen wir die erste schwarzschwänzige Limose (Uferschnepfe). Ihr Flugbild ist so charakteristisch, daß sie, selbst wenn sie die ihr eigenen Rufe nicht hören ließe, fliegend sofort weithin erkannt werden kann. Sofort erkennbar wird sie, durch den langen, nur wenig gesenkt, vielmehr fast horizontal gehaltenen Schnabel, durch die weit nach hinten gestreckten, das schwarze Ende des an der Wurzel weißen Schwanzes deutlich überragenden Füße und durch die breit ausgezogenen weißen Spiegel. Hocherfreulich ist es, daß, wie der große Brachvogel in ganz Mecklenburg und der Kampfhahn in der Lewitz, so auch die schwarzschwänzige Uferschnepfe in den letzten Jahren an Bestand zugenommen hat. Eine Verminderung ihres Bestandes droht ihr, wie anderen in der Lewitz brütenden Sumpfvögeln, durch Verringerung des Geländes der nassen Wiesen infolge der neuerdings in immer größerer Zahl und Ausdehnung angelegten Fischteiche, deren ökonomischer Ertrag ja ein viel höherer ist, als der aus dem in den letzten Jahren sehr im Werte gesunkenen Wiesenheu. Aber auch noch einen anderen schlimmen Feind hat sie – abgesehen vom schießenden Menschen, von dem sie jedoch in der Lewitz ebensowenig belästigt wird wie von eiersammelnden Menschen – die nichtsnutzigen Krähen. Die Spuren und handgreiflichen Beweise ihrer schändlichen Eierräuberei, die sie systematisch und leider mit großem Erfolge verüben, haben wir nur zu reichlich gefunden. Auf den Dämmen und Wegen fanden wir viele Eierschalen, deren nahrhafter, flüssiger Inhalt von den Krähen verzehrt worden war. Die Krähen tragen die geraubten Eier erst weit weg von der Stelle, von der sie sie holten, um sie auf dem Trockenen unbehelligt von den sie wütend verfolgenden, ihrer Eier beraubten Brutvögeln zu verzehren. So fanden wir zahlreiche Schalen von Eiern folgender Arten: Löffelente, Krickente (?), Bekassine, Rotschenkel, Kiebitz, Brachvogel – und eine wenig versehrte Schale eines Eies der schwarzschwänzigen Limose, das Clodius als zweites mecklenburgisches Belegstück für seine Sammlung mitnahm; das erste hatte drei Jahre zuvor Wüstnei auf gleiche Weise erlangt. Glücklicherweise ist die Lewitz von Eiersammlern noch nicht heimgesucht; übrigens dürften solche, falls sie den Versuch machten, dort zu sammeln, sehr wenig Glück und Erfolg damit haben, da nicht nur die natürlichen Schwierigkeiten recht große sind, sondern auch die Gefahr, sich eine empfindliche Strafe zuzuziehen, wegen der meilenweit hin möglichen Übersehbarkeit des Terrains und der Überwachung desselben durch patrouillierende Aufsichtsbeamte, nicht gering ist. Die schwarzschwänzige Limose ist an mehreren Stellen in Deutschland Brutvogel. Am häufigsten wohl im Bremer Blocklande; ferner brütet sie in der Bartschniederung in Schlesien, in Lithauen, Ostfriesland, in Schleswig-Holstein, Nord-Hannover und in Mecklenburg bei Grabow und in der Lewitz, welch' letztere in diesem Jahre mindestens 30 Brutpaare beherbergen dürfte.

Wenn nun auch die schwarzschwänzige Limose die Glanznummer in der Ornis der Lewitz bildet, so verdienen doch auch die anderen dort von uns beobachteten Arten, kurz erwähnt zu werden. Von Kleinvögeln trafen wir an: Unmassen von Schilfrohrsängern, während wir vergeblich uns abmühten, auch nur ein einziges Exemplar des Binsenrohrsängers aufzufinden: dagegen schwirrten in dem von Erlen, „Saalweiden-Birken" und anderem Gebüsch bestandenen, bruchigen Terrain des an das Wiesengelände stoßenden Friedrichsmoorer Waldes eine Anzahl Buschschwirle (Feldschwirle), während wir wiederum ganz vergeblich nach dem selteneren (in Ostpreußen häufigeren) größeren Fluß-Heuschreckensänger oder Schlagschwirl suchten, dem ich zuerst im Samlande begegnet war; neben den Schilfrohrsängern und den zahlreichen, vielfach noch ihren Balzflug ausführenden Wiesenpiepern waren die Rohrammern am häufigsten; demnächst die Feldlerchen; weit weniger zahlreich trafen wir den Baumpieper und die Kuhstelze an. Weiße Bachstelzen fehlten natürlich nicht, wohl aber die große gelbe Bachstelze oder Gebirgsstelze, die bis jetzt für Mecklenburg noch nicht nachgewiesen ist, und der Eisvogel, für welchen es trotz reichlicher Nahrung an dem ihm zusagenden Ufergelände fehlt. Von Ammerarten beobachteten wir außer den zahlreichen Rohrammern und verhältnismäßig wenigen Goldammern nur ein Paar Grauammern; von Wasservögeln kamen an den Fischteichen zur Beobachtung: Stock-, Löffel-, Knäk-, Krick-, Tafel-, und – allerdings zweifelhaft – Pfeifente; Lachmöven; von Seeschwalben die gewöhnliche Flußseeschwalbe und die Trauerseeschwalbe. Von Sumpf-Stelzvögeln wurden außer den bereits erwähnten beobachtet: Fischreiher (An einer Holzschuppenwand bei der am Störkanal gelegenen Mittelschleuße, wo wir bei dem großherzoglichen Wiesenmeister Herrn Puls gastliche Aufnahme und Herberge fanden, waren gegen 40 Schädel erbeuteter Fischreiher angenagelt.), weißer Storch, Kraniche; Wachtelkönig, letzterer jedoch nur vereinzelt. Zur Strafe für ihre Nestplündereien nahm ich mehreren Krähen ihre Gelege weg. Von Raubvögeln beobachteten wir in und über den Lewitzwiesen außer dem Allerweltsgast, dem Mäusebussard, namentlich Kornweihen in den verschiedensten Alterskleidern – die ganz alten lichtblaugrauen Exemplare leicht erkenntlich an den schwarzen Flügelspitzen ohne die den alten Wiesenweihen eigenen schwarzen Querstreifen; ich zweifle nicht, daß von den Weihen in dem Jugendkleide, das ja bei den beiden (beziehungsweise, wenn man die Steppenweihe hinzu nimmt, drei) in Betracht kommenden Arten so ähnlich ist, manche auch Wiesenweihen waren; wiederholt sahen wir die Weihen zur Nestplünderung sich im Wiesengelände niederlassen. Auch eine Anzahl der großen Rohrweihen sahen wir. Auf dem nur wenig über dem Wasserspiegel eines Kanals zwischen diesem und sumpfigen, zum Teile mit Schilf bestandenen Wiesengelände hinführenden Uferpfad wandernd, scheuchte ich aus größter Nähe eine Sumpfohreule auf, die sich eine Strecke weiter an einer für uns unzugänglichen Stelle niederließ; bald fanden wir auch ein Gewöll von ihr, das 4 Schädel der Schermaus enthielt.

Nachdem wir das Wiesengelände genügend durchstreift hatten, wandten wir uns dem Friedrichsmoorer Walde zu, der für uns eine mehrfache Anziehungskraft ausübte: Hier halten sich die stärksten Hirsche auf und hier haben nicht nur die Kraniche, die wir in der Lewitz beobachtet hatten, in schwer zugänglichen Brüchen ihre Brutstätten, von denen aus das Trompeten dieser stattlichen, klugen Vögel an unser lauschendes Ohr drang; hier horstet auch jetzt noch der immer seltener werdende menschenscheue schwarze Storch. Seinen Horst aufzufinden und womöglich seiner selbst ansichtig zu werden, war unser lebhafter Wunsch, der freilich nur zum ersten Teile erfüllt wurde. Nachdem wir in dem großen Forste durch die mannigfachsten Bestände, junge und uralte, Laub- (meistens Buchen-, Erlen-, Birken- und Eichen-) und Nadelholzschläge, bruchige Partien und große Wiesen hindurchgewandert waren und große Rudel Hirsche, darunter eine wahre Prachtkollektion kapitaler alter Herren

gesehen und einige interessantere Vogelspezies, den Wiedehopf, Kleiber, großen und kleinen Buntspecht, Eichelhäher, Ringel- und Hohltaube (letztere nur einmal) gesehen oder gehört hatten, fanden wir nicht weit von dem an die Lewitzwiesen grenzenden Waldrande in der Nähe einer Blöße zunächst auf einer schiefstehenden alten Erle einen alten, ziemlich verfallenen flachen Horst des schwarzen Storches und bald darauf wenig davon entfernt, im Gipfel einer sehr starken und hohen alten Eiche den ziemlich hochwandigen neuen Horst. Das derselbe besetzt sei, deuteten uns die unter dem Horstbaume auf Baumstellen gefundenen Laichfladen. Doch muß der brütende Storch uns eher als wir seinen Horst bemerkt haben und von uns ungesehen, abgestrichen sein. Wir haben ihn nicht erblicken können. Die Jäger ziehen es neuerdings vor, statt des Abschusses der alten Störche die Jungen auszuheben und zu lohnendem Preise an zoologische Gärten oder Vogelliebhaber zu verkaufen, wie dies ja auch mit anderen selteneren Vögeln, z.B. mit den jungen Wanderfalken jetzt vielfach geschieht. Im Effekt kommt diese vom Egoismus gebotene „humanere" Behandlung freilich auf dasselbe heraus wie das Abschießen: Auf die baldige Ausrottung solcher seltenen und interessanten Arten, die der wahre Naturfreund, der sich nicht auf den jämmerlichen einseitigen Standpunkt des nackten Nutzens zu stellen vermag, nur schmerzlich beklagen, aber leider nicht verhindern kann.

Osterwieck a / Harz, den 11. August 1903

Quelle:

Ornithologisches Jahrbuch (1904), Band 15, S. 11-24
Staats- und Universitätsbibliothek Göttingen

Anmerkung

Carl Wüstnei beschreibt (1903) das im gleichen Zeitraum (um 1900) auch Jungvögel von dem in der Lewitz noch horstenden Schreiadler ausgenommen und an zoologische Gärten verkauft wurden. (Quelle: C. Wüstnei, Die Adler Mecklenburgs, Hrsg. P. Hauff 1997)

Rettet die Lewitz! (unbearbeiteter Originaltext von 1921)

Ein Notruf in letzter Stunde von der Vogelwarte der Staatlichen Biologischen Anstalt auf Helgoland.
Dr. Hugo Weigold

Zu unserem Entsetzen ersehen wir aus Zeitungsnotizen und aus der Zeitschrift des Heimatbundes Mecklenburg, daß der mecklenburgische Staat nun wirklich seinen Plan durchführt, die bisher staatlich verwalteten und bewirtschafteten Randreviere der Lewitz oder doch wenigstens ihre Jagd an Private zu verpachten, ohne daß man vorher gesetzlich für den Schutz der Natur genügend vorgesorgt hat. Die Absicht ist offenbar, größere Einnahmen zu erzielen. Die Wirkung aber ist die Vernichtung des herrlichsten deutschen Sumpf- und Wasservogelreservates, das wir noch haben.

Wie ein Kleinod aus Altvätertagen hatte uns die (früher großherzogliche) mecklenburgische Forstverwaltung mit größtem Natursinn und Verständnis dieses Naturschutzgebiet auf unsere Tage überrettet mit all den Charaktertieren, die sonst in Deutschland entweder schon

ausgerottet sind oder doch diesem Schicksal schon ganz nahe stehen: Seeadler, Schrei- und Fischadler, Kranich, Schwarzstorch, Großtrappe, Große und Zwergrohrdommel, alle denkbaren Schnepfenvögel, auch die seltensten, nicht weniger als 7 Arten brütender Wildenten, Trauerseeschwalben und vieles andre. Nirgends mehr in ganz Mitteleuropa fand man ein Brutrevier, das so vollzählig die ursprüngliche Vogelwelt Deutschlands bis heute erhalten hatte. Kein Wunder, daß die Lewitz von allen Vogel-, Natur- und Heimatfreunden, aber auch Wissenschaftlern als ein Heiligtum sondergleichen angesehen wurde, das berühmt war, soweit Wissende saßen. Kein Wunder, daß alle diese Kreise immer meinten, Mecklenburg sei mit seiner konservativen Gesinnung der Hort, der Deutschland noch am längsten ein bißchen ursprüngliche Natur erhalten werde ohne kleinliche Rücksicht auf ein paar Prozente Einnahme mehr oder weniger.

Und nun? Schon seit vielen Jahren sitzen Fischereipächter am Rande dieses großartigsten Naturschutzgebietes und treiben intensivste Fischereikultur, so intensiv, daß keiner Klaue, keiner Feder mehr eine Schuppe, und sei es auch des kleinsten wertlosesten Fisches, gegönnt wird. Mit allen denkbaren Mitteln wird den Vögeln, die ja nur zum kleinen Teil wirklich als Fischfeinde ernstlich in Frage kommen, unterschiedslos der Krieg erklärt und das Brüten unmöglich gemacht. Und mit Erfolg: mit Gift und Eisen hat man die Adler und den Schwarzstorch – unsere stolzesten Vögel, um deren Erhaltung sich Hunderttausende naturliebender Deutscher und viele andere deutsche staatliche Stellen und Regierungen bemühen – bereits glücklich ausgerottet und bei vielen andern Arten wird man in kürzester Frist dasselbe Ziel erreicht haben. Dagegen helfen alle Schutzbestrebungen der staatlichen Verwaltung nichts, denn die Reviere liegen nun einmal leider so, daß man nicht, wie das mecklenburgische Ministerium es tut, mit bloßen Hektarzahlen beschwichtigen kann. Die Vögel müssen eben dahin kommen, wo der anscheinend immer noch nicht genügend reiche Großpächter ihnen den Garaus macht.

Aber hat denn Mecklenburg noch keine staatliche Behörde, die sich um die Heimat kümmert, um die Natur, den größten, wertvollsten Schatz des Volkes, der unveräußerlich sein sollte? Preußen hat doch seine Staatliche Stelle für Naturdenkmalpflege! Mecklenburg hat keine, obgleich es eine Universität als gegebenen Ort dafür hat. Es hat wohl einen Heimatbund, aber der hat keine Macht, denn hinter ihm steht nicht das Großkapital und nicht die wirtschaftlichen Schlagworte. Und das Volk? Das läßt sich durch diese Schlagworte blenden und schläft! Aber man liest doch, daß Preußen dem Naturschutzpark der Lüneburger Heide sogar das Enteignungsrecht gegeben hat, um allzu intensive Kultur zu verhindern, um unsern Kindern noch ein Stückchen Urheide zu überretten, liest, daß überall Naturschutzstätten, wenn auch geringen Umfangs, errichtet werden. Aber das ist ja Preußen, wo die Sozialdemokraten herrschen, die übrigens für Kultur und Naturschutz immer viel Verständnis gehabt haben. Das konservative Mecklenburg konserviert nicht. Es hat ebensolche einzigartige Naturschätze wie Preußen, aber es vernichtet sie „im Staatsinteresse", das heute das Gegenteil von gestern und auch das Gegenteil von den Staatsinteressen andrer deutscher Staaten zu sein scheint.

Aber vielleicht ist Mecklenburg so arm, daß die Volksvertretung gebieterisch verlangt, daß kein wertvoller Teil des Landes brach liegt. Aber die Lewitz lag unter Staatsverwaltung nicht brach, sie wurde fischereilich und jagdlich bewirtschaftet, nur nach Grundsätzen, die heute überall in der Forstverwaltung sich durchgesetzt haben: nicht denkbar intensivste Reinkulturen unter rücksichtsloser Vernichtung aller nicht in Geld umsetzbaren Naturbestandteile und aller Naturschönheit, sondern Erhaltung des Landschaftsbildes selbst auf Kosten des Reinertrages. Das um so mehr, als sich alle solche rücksichtslose Reinkulturen aus dem nackten Nützlichkeitsstandpunkt heraus bitter gerächt haben durch Schädlings- und Krankheits-

epidemien. Die Natur läßt sich eben nur eine Zeitlang vergewaltigen. Aber das scheint für Mecklenburg wohl bisher alles als Wahrheit gegolten zu haben, während jetzt auf einmal die einseitigsten Privatinteressen einzelner zu herrschen scheinen.

Aber man sozialisiert, verstaatlicht doch jetzt alles Mögliche in Deutschland! In Mecklenburg scheint man eher zu entstaatlichen!

Aber die Volksernährung verlangt bei der jetzigen Not gebieterisch, daß jeder Vogel, der einem Menschen einen Fisch wegfrißt, stirbt! So? Dann wollen wir erst einmal alle die Luxustierchen in Deutschland dem Henker übergeben, die Schoßhündchen, die nur Fleisch, die Kätzchen, die nur Milchbrot fressen, die Papageien, die Luxustauben usw. Jede einzelne dieser Tiergruppen frißt dem deutschen Volke wahrscheinlich hundertmal mehr Nahrung weg als alle – ja schon so seltenen – fischfressenden Vögel Deutschlands zusammen, obgleich bei den Haustieren immer nur ein Einzelner seine Freude hat, bei den Vögeln der freien Natur aber das ganze Volk ob ihrer Schönheit, ihrer Eigenart, Seltenheit und weil die Natur ohne sie arm und öde wäre! Bei den Haustieren sagt man trotz allem: laßt den Leutchen doch das bißchen Freude, das bißchen Nahrung können wir allemal noch verschmerzen! Aber bei den fischfressenden Vögeln nicht? Wer da immer „Nein, unter keinen Umständen!" schreit, das ist gar nicht das Volk, sondern immer nur der einzelne Fischpächter, den es angeht, obgleich man allen denen, die heute Nahrungsmittel erzeugen oder verhandeln, wahrlich keine Not ansieht. - - - Aber das Volk regiert doch heute, wenn es also seine Heimat, seine Natur schützen will, so braucht es doch nur seine Wünsche auszusprechen! Das stimmt, aber nur auf dem Papier. Wie es in Wirklichkeit aussieht, das weiß jeder. Es fehlt der großen Masse die zum Regieren nötige Kenntnis. „Aufklären" aber kostet auch Geld. Wer also das Geld hat, der klärt auf, aber im Sinne seiner materiellen Interessen. Wer uneigennützig zum Wohl des ganzen Volkes arbeitet, der hat gemeinhin nicht die Gelder zur Verfügung, mit denen man heute die „Volksmeinung" macht. Darum müssen unabhängige staatliche Stellen, die vom Volke unterhalten werden, aufklären, zum Wohle des ganzen Volkes, nicht Einzelner.

Und darum rufen auch wir das ganze mecklenburgische, nein, das ganze deutsche Volk auf: Verhindert in letzter Stunde, daß die Fischerei- und Jagdrechte in den staatlichen Revieren der Lewitz an Private verpachtet werden oder legt doch mindestens bis zur Einführung deutscher Reichsnaturschutzgesetze den Pächtern Bedingungen auf, die von einer Kommission von Naturschutzfachleuten aufgestellt werden, wie es z.B. bei Verpachtungen im Lüneburger Heidepark geschieht. Diese selben Bedingungen müßten aber auch den bisher schon bestehenden Pachtverträgen nachträglich auferlegt werden, wenn man nicht gar nach preußischem Vorbild im Notfall zur Enteignung schreiten soll zur Schaffung eines zwar rationell, aber doch möglichst naturschützerisch bewirtschafteten, sozialisierten, also staatlichen Großbetriebes. Der Naturschutz unserer Tage ist ja gar nicht weltfremd, idealistisch utopistisch. Er gesteht den Volkswirtschaftlern zu, was irgend ernstlich für die Volksernährung in Frage kommt. Er verlangt z.B. gar nicht, daß der Fischereipächter den Graureiher oder die Taucher schont. Aber er verlangt Vernunft in allem: Leben und Lebenlassen!

Der mecklenburgische Landtag wird es vor der Zukunft zu verantworten haben, ob er die Heimatsnatur der Vernichtung preisgibt oder schützt. Videant consules!

Quelle:

Zeitschrift für Vogelschutz und andere Gebiete des Naturschutzes (1921), Band 2, Heft 1, S. 17-20, Staats- und Universitätsbibliothek Göttingen

Vögel auf der Reise, ein Oktobertag im Vogelschutzgebiet

Burkhard Fellner

26.10.2001, für den Vogelbeobachter nähert sich einer der schönsten Monate des Jahres seinem Ende. Seit Wochen ziehen lautstark große Schwärme von nordischen Gänsen über Neustadt-Glewe. In der Dämmerung fallen manchmal Tausende auf dem See zum Schlafen ein. Bis zur völligen Dunkelheit gehen die Gänse mit lautem Geschrei und übermütigen Drehungen scharenweise eine nach der anderen nieder. Morgens steigen die Vögel plötzlich wieder auf und die meisten fliegen nur ein paar Kilometer weiter nördlich zu den ihnen reichlich Nahrung bietenden riesigen Grünlandflächen der Lewitz. Viele Vogelschwärme der gleichen oder anderer Arten sind bereits hier, sie haben auf den Teichflächen die Nacht verbracht. Die freie Sicht der fast baum- und strauchlosen Ebene kommt ihnen sehr gelegen, gelingt es Räubern wie dem Fuchs doch nur selten sich heranzuschleichen.

Heute will ich in Begleitung meiner Lebensgefährtin und eines ehemaligen Schulkameraden das herrlich sonnig warme und windstille Herbstwetter nutzen, um mit Feldstecher und Spektiv das Reisequartier dieser und anderer Vogelschwärme aufzusuchen.

Ausgangspunkt ist das Gebäude der BIMES (Binnenfischereibetrieb) am Neuhöfer Teich. Unser Weg wird uns durch das als Betriebsgelände kenntlich gemachte Teichgebiet führen, welches gleichzeitig Naturschutzgebiet ist. Das Betreten für Unbefugte ist deshalb streng untersagt. (In begrenztem Umfang werden Führungen nach Anmeldung genehmigt.) Wir haben für die Ausübung unserer Tätigkeit im Naturschutz die erforderlichen Genehmigungen bekommen und so stehen wir nach 100 m Wanderung am Teichrand. Im Neuhöfer Teich, der bei der Rekonstruktion vor ca. 20 Jahren schonend behandelt wurde, befinden sich viele verinselte Dämme, die mit Bäumen und Schilf bewachsen sind. Daher entsteht der Eindruck eines natürlichen Gewässers. Die Sonne haben wir im Rücken, sie lässt das gelblich-rote Laub der Bäume kräftig leuchten; so haben wir bei unseren Beobachtungen beste Bedingungen. Der Teich ist bis auf einige Lachen abgelassen. Einige Inseln werden durch die Erosionskraft des Wassers langsam abgetragen, man kann bereits zwischen die Wurzeln der Bäume hindurchschauen; sie werden wohl bald ganz verschwinden. Etwas weiter rechts von uns bemerken wir einen uns gut bekannten Landschaftsmaler, der sich jedes Jahr aufs neue von der einmaligen Herbststimmung an den Teichen inspirieren lässt (Abb. 38). Da wir selbst fotografieren, kommt es auch heute zu einer kleinen Fachsimpelei über die vielfältigen Motive.

Doch nun wenden wir uns konzentriert der Vogelwelt zu und die ist bereits mit bloßem Auge reichhaltig auszumachen. Zunächst fallen die Graureiher und Kormorane ins Auge (Abb. 39). Obwohl diese zum festen Inventar dieses Gebietes gehören (vom Graureiher gibt es hier in der Nähe eine Kolonie mit mehr als 100 Brutpaaren), sind wir doch erstaunt über die große Anzahl, die wir heute feststellen. Wir zählen von jeder Art über 100. Sie sitzen über den ganzen Teich verteilt auf den Betonpfählen der ehemaligen Entenmastanlage, am Boden direkt an den Pfützen oder auf den Bäumen der Dämme. Diese sind teilweise durch den ätzenden Kot der Kormorane weiß gefärbt, viele sogar abgestorben. Bereits ohne Fernglas erkennen wir im weiter entfernten Bereich des Teiches einen schneeweißen Vogel. Von der Farbe und der Größe her käme nur ein Schwan in Frage, aber die Körperform passt nicht zu diesem. Im Fernglas lässt sich dann eindeutig erkennen, dass es ein Reiher ist. Man könnte ihn für einen Albino halten. Erst im Spektiv entfaltet der Vogel seine ganze Pracht und es werden Einzelheiten sichtbar: Der gelbe Schnabel und die gelbe Iris des Auges fallen sofort auf. Eindeutig ein Silberreiher! Ab und zu bekamen wir diesen seltenen Gast auch schon in den vergangenen Jahren zu sehen – immer einzeln. Plötzlich fliegt der Silberreiher mit den anderen

Abb. 38
Herbststimmung am Neuhöfer Teich, Aquarell von Franz Mischinger (26.10.2001)

Abb. 39
Graureiher und Kormorane auf einem halbvollen Fischteich

Abb. 40
Kiebitze auf einem abgelassenen Fischteich

Abb. 41
Porträt eines Bartmeisenmännchens

in seiner Nähe sitzenden Graureihern auf. Die Gruppe spaltet sich. Bereits in der Luft bemerken wir einen zweiten vorher verdeckten Silberreiher. Beide fliegen auf uns zu und landen in näherer Entfernung auf dem Teichboden. Wenig später können wir dann an einer anderen Stelle des Teiches noch einen dritten entdecken. Das ist für uns ein Rekord, so viele Exemplare dieser Art sahen wir in der Lewitz noch nicht.

Nachdem wir uns an den Reihern satt gesehen haben, führt uns unser Marsch auf einem Damm zwischen dem Neuhöfer Teich und den links von diesem liegenden Hälterteichen zur Schleuse im Friedrich-Franz-Kanal (Eldekanal). Von dort geht es direkt auf dem hohen Deich des Kanals entlang in Richtung Dütschower Brücke. Hier folgt nun ein großer rechteckiger Teich dem anderen. Diese Teiche besitzen einen völlig anderen Charakter als der Neuhöfer. Sie sind stärker der intensiven Teichwirtschaft angepasst (rekonstruiert) worden, weisen keinen Baumbewuchs und kaum Schilfflächen auf. In ihnen befinden sich nur ein paar künstlich zusammengeschobene Damminseln, welche mit Büschen bewachsen sind. Da die Zugvögel aber nicht brüten wollen, sondern nur Interesse an den reichlich Nahrung spendenden Schlammflächen haben, finden sie sich auch hier zahlreich ein. Die gewaltige schwarze Oberfläche des nun vor uns liegenden völlig abgelassenen Teiches könnte auch zu einem anderen Planeten gehören, so eigenartig wirkt sie auf uns. Als wenn sich heute die Vogelarten die Teiche aufgeteilt haben, sehen wir jetzt ausschließlich Limikolen (Schnepfenvögel) und nicht einen Graureiher oder Kormoran. Die weitaus häufigste Art ist hier der Kiebitz (Abb. 40). Mehrere hundert, wenn nicht gar tausend suchen emsig nach Nahrung. Von einer der auffälligsten und schönsten Limikolenart, dem Großen Brachvogel mit seinem langen nach unten gebogenen Schnabel, zählen wir 15. Es wäre schön, wenn im Frühjahr regelmäßig einige hier blieben und wieder brüten würden, denke ich. In gewissen Zeitabständen fliegen fast alle Vögel auf, sehr schön leuchtet dann die kontrastreiche schwarz-weiße Unterseite der in großen Schwärmen synchron fliegenden Kiebitze. Die verschiedenen Schwärme vermischen sich teilweise und kurz darauf setzen sich die Tiere an einer anderen Stelle im Teich nieder. Jetzt suchen wir von neuem die Vogelgruppen ab, erfahrungsgemäß entdeckt man nach einem solchen Manöver eine neue Vogelart. Tatsächlich sehen wir jetzt einige Rotschenkel und Goldregenpfeifer. Bekassinen und Alpenstrandläufer sind heute nicht dabei; die konnten wir dafür in den vergangenen Wochen beobachten.

Weiter geht es zum nächsten Teich. Dieser wurde bereits wieder halb mit Wasser gefüllt. Der Teich ist von über tausend Saat- und Blessgänsen besetzt, die sich durch ihr Geschrei schon von weitem angekündigt haben. Dazwischen schwimmen einige Zwerg- und Singschwäne, Reisende aus der Tundra. Diese beiden Arten können gut an der Schnabelfärbung unterschieden werden. Der Singschwan ist etwas größer und besitzt einen bis in die Spitze gelb gefärbten Schnabel, während der Zwergschwan nur an der Schnabelwurzel gelb aufweist. Außerdem sehen wir Löffel-, Stock- und Krickenten, Haubentaucher und Gänsesäger. Die unterschiedlichen Wasserstände der Fischteiche begünstigen die auffällige Merkwürdigkeit, dass sich heute an jedem Teich nur eine bestimmte Sorte von Vögeln aufhält.

Um einen Blick über den Kanal auf die Wiesenlandschaft zu werfen, drehe ich mich um. Zufällig fliegt in diesem Augenblick ein mittelgroßer Greifvogel mit langem Stoß und kurzen kompakten Schwingen in nicht allzu großer Höhe an mir vorbei. Jetzt zählt jede Sekunde! Automatisch wird der Vogel anvisiert und mit dem Feldstecher erfasst. Im optimalen Licht der Sonne ist sehr deutlich ein stechend orange-gelbes Auge und die dunkle feine charakteristische Querbänderung der sonst weißen Unterseite zu erkennen – ein Habicht. Dieser Überraschungsjäger ist im Gegensatz zum Mäusebussard in der Wiesen- und Teichlewitz sehr selten zu beobachten. Jetzt zur Zugzeit sieht man ihn mit etwas Glück Jagd auf die ge-

fiederten Gäste an den Teichen machen. Auch dieser Habicht wird ein Gast aus dem Norden oder Osten sein.

Beim Weitergehen vernehmen wir aus dem Schilf am Teichrand markante Vogelrufe. Eine Minute verstreicht, bis wir erst eine und dann noch ein paar weitere Bartmeisen zwischen den Schilfhalmen entdecken können. Besonders der Anblick der Männchen der immer in kleinen Trupps umherziehenden Bartmeisen begeistert uns jedes Mal aufs neue. Tatsächlich besitzen diese schön gefärbten und durch ihre geringe Fluchtdistanz manchmal fast zutraulich wirkenden Tiere einen schwarzen „Backenbart" (Abb. 41).

Schließlich gelangen wir zur Dütschower Brücke und genießen kurz die herrliche Aussicht auf die Teiche und die Spornitzer Wiese. Im Frühling baut hier in der Nähe in einer Birke die Beutelmeise ihr Nest und die Rotbauchunken geben ihr seltsames Konzert im urwüchsig erhaltenen Winkel eines Teiches. Weiter wandern wir bis zur ornithologischen Station, um dort links auf einen sehr schön mit Erlen und Birken umsäumten nicht asphaltierten Damm abzubiegen. Ein Eisvogel (Abb. 37) schießt, einen schrillen kurzen Ruf ausstoßend, den parallel zum Weg verlaufenden Kanal entlang. Seine Oberseite funkelt wie ein Edelstein in glänzendem Blau. Außerdem begegnen wir dem Kleiber, Blau- und Schwanzmeisen und dem Zaunkönig. Am Teich vor dem Schremmberg machen wir unsere letzte Station. Zunächst wirkt dieser bis auf einige Lach- und Silbermöwen leer und eintönig. Doch dann können wir ihn sofort entdecken – den König der Lewitz. Eigentlich längst überfällig, sehen wir endlich einen Seeadler auf dem Boden des leeren Teiches sitzen. Er ist in der Lewitz keine Seltenheit mehr, doch ist sein Anblick für uns immer noch ein Höhepunkt bei jeder Wanderung. Seine bräunliche Färbung hebt ihn kaum von der des Bodens ab und so wird er in erster Linie aufgrund seiner Größe bemerkt. Auch der Seeadler bekommt um diese Jahreszeit Gesellschaft von umherstreichenden Jungvögeln aus anderen Gegenden. Deshalb sind wir nicht erstaunt, als wir noch drei weitere Adler sehen. Allerdings sieht diese jeder von uns in einer anderen Ecke des Teiches, so dass wir letztendlich insgesamt 10 Seeadler zählen! Alles Jungvögel in verschiedenen Alterskleidern. Bezeichnender Weise bevorzugen es heute auch die Seeadler unter sich zu sein und nehmen einen eigenen Teich in Besitz.

Zum Schluss waren wir uns einig, dass dieser Tag ein besonderer war. Zwar sahen wir die einzelnen Vogelarten heute nicht zum erstenmal, aber noch nie in dieser Konstellation und selten unter solchen optimalen Sichtbedingungen. Außerdem begegneten wir in den drei Stunden unserer Wanderung bis auf den Maler keinem Menschen.

So ist letztendlich zur Zugzeit der Vögel jede ausgedehntere Wanderung durch die Lewitz ein einmaliges und unvergessliches Naturerlebnis.

3.4. Die Säugetierfauna

Udo Binner

Interessierte man sich in den vergangenen Jahrzehnten für die Säugetiere vorwiegend als jagdbares Wild, so findet die gesamte Klasse der Säugetiere inzwischen eine mehr und mehr wachsende Beachtung. Diese ist nicht ganz unbegründet, denn viele Säugetierarten stehen in der Nahrungspyramide weit oben. Allerdings sind die Kenntnisse zur Ökologie dieser Tierklasse relativ gering. Das betrifft besonders die Arten mit relativ großen Raumansprüchen bzw. mit großer Raumnutzung. Somit lassen sich besonders Populationsgrößen schwer abschätzen. Selbst die genaue Verbreitung von Säugetieren ist teilweise wenig bekannt. Ähnlich verhält es sich mit der Zu- und Abwanderung. Wir wissen über manche Tierart aus Afrika besser Bescheid als über unsere heimischen Säuger. Das beginnt bei den Spitzmäusen und endet beim Fischotter oder gar den Neozoen, den Neubürgern in Norddeutschland. Viele Kenntnisse dazu verdanken wir der Jagd bzw. den Beobachtungen der Jäger. Allerdings geschahen diese häufig unter dem Aspekt der jagdlichen Nutzung. Tierarten, wie die Kleinsäuger hingegen blieben weitestgehend unbeachtet. Das betrifft auch die Säugetierfauna der Lewitz. Hierzu gibt es nur wenige systematische Untersuchungen. Diese beschränken sich vorwiegend auf einzelne Tiergruppen, wie z.B. die Fledermäuse, einzelne Kleinsäuger oder den Fischotter. Andere Tiergruppen in der Lewitz wurden nur sporadisch erfasst. Verbreitungskarten stellen dabei eher die Aktivitätsräume der Beobachter als die tatsächliche Verbreitung einer Tierart dar.

Einige Besonderheiten der Landschaft tragen mit zu einer relativ großen Vielfalt an Säugetieren in der Lewitz bei. Die abwechslungsreichen Strukturen und Biotoptypen bieten einen günstigen Lebensraum, von denen die Raubsäuger, die an der Spitze der Nahrungspyramide stehen, besonders profitieren.

Von den Raubsäugern, lat. *Carnivora*, sind besonders Dachs, Baum- und Steinmarder (Abb. 42), Mauswiesel, Hermelin, Iltis, Fuchs und der Fischotter zu nennen. Diese Arten sind mehr oder weniger häufig im gesamten Gebiet entsprechend der Habitatstrukturen anzutreffen. Besonders der Fischotter kommt in der Lewitz regelmäßig vor (Abb. 43). Nach FROMM und STRUCK war er bereits um 1866 in den Sielen der Kanäle und im Krullengraben besonders häufig. Allerdings richtet diese Art bei einem Nahrungsbedarf von ca. 800 g pro Tag keinen Schaden bei der Fischproduktion in den Fischteichen an. Denn neben Fisch besteht ein Großteil seiner Nahrung aus Wasservögeln, Muscheln, Würmern und Schnecken, Kleinsäugern sowie Insekten. Bei einem Aktionsraum von 10-25 km² ist zudem die Populationsdichte nicht so hoch, dass der Fischotter beträchtlichen Schaden anrichten kann.

Für ihn, wie auch für andere größere Säugetierarten, stellt die Autobahn A 24 eine Verbreitungsbarriere ins Elbegebiet dar. Verkehrsopfer wurden an der Autobahn allerdings noch nicht registriert.

Als Neubürger haben sich in der Lewitz der amerikanische Nerz (auch Mink genannt), der Waschbär und vereinzelt der Marderhund angesiedelt. Der hier ursprünglich lebende Europäische Nerz ist in Deutschland und weiten Teilen Europas ausgestorben. Die genannten Arten profitieren in der Lewitz von einem relativ guten Nahrungsangebot und weitestgehender Ungestörtheit. Neben den Fischen in den Teichen sind es auch die Amphibien und Reptilien, die Muscheln und Schnecken und die Kleinsäuger.

Die Kleinsäuger, zu denen die Insektenfresser (*Insectivora*) gehören, sind als größte Ordnung der Säuger vertreten. Zu den häufigsten Vertretern dieser Gruppe gehören der Igel, der

besonders in Randstrukturen und in der Nähe von Siedlungsbereichen anzutreffen ist, und auch der Maulwurf. Diese werden allerdings trotz ihrer einfachen Nachweisbarkeit wenig beachtet. Die Mäuse sind entsprechend den Habitatbedingungen mehr oder weniger verbreitet und kommen in unterschiedlichen Populationsstärken ebenfalls im Gebiet der Lewitz vor. Häufig anzutreffende Vertreter sind die Wanderratte, die Zwergmaus, die Feld- und Erdmaus sowie die Rötelmaus, die mehr in der Nähe von Siedlungsbereichen nachgewiesen ist. Die Spitzmäuse stellen eine größere Familie dar, sind aber schwieriger nachzuweisen. Als häufige Art wird in der Lewitz die Waldspitzmaus eingeschätzt. Daneben kommen die Zwerg- und Wasserspitzmaus in scheinbar stabilen Beständen vor. Selten anzutreffen ist hingegen die Nordische Wühlmaus. Die Brandmaus lebt besonders in der Teichlewitz und in den angrenzenden Fließ- und Kanalsystemen. Die Gelbhalsmaus wurde 1986 in der Lewitz erstmalig durch LABES, R. und LABES, S. erwähnt. Viele dieser Nachweise stammen aus Gewölleanalysen von Eulen, die Kleinsäuger in der Dämmerung und nachts jagen.

Arten aus der Ordnung der Nagetiere (*Rodentia*) sind mit am häufigsten in der Lewitz vertreten. Zu dieser Ordnung gehören der Nutria, auch Sumpfbiber genannt. Der Name ist irreführend, denn er hat von der Systematik her nichts mit dem Biber (*Castor fiber*) zu tun. Der Biber hat einen typisch abgeflachten Schwanz, auch Kelle genannt, die eine schuppige Oberfläche aufweist. Den Nutria erkennt man am runden unbehaarten Schwanz. Der Biber ist in der Lewitz nicht verbreitet. Allerdings ist zu erwarten, dass der sogenannte Elbebiber (*Castor fiber albicus*) von der Elbe her über kurz oder lang das Gebiet der Lewitz besiedeln wird. Im nördlich angrenzenden Schweriner Seengebiet und an der Warnow kann man den Elbebiber ebenfalls schon finden. Hier wandert er vom Warnowsystem her ein. Der einmal in diesem Gebiet ausgewilderte sogenannte Woronesh-Biber wurde im Rahmen der Wiederansiedlung des ursprünglich hier lebenden Elbebibers Ende der 1980er Jahre gefangen und in zoologische Gärten gebracht.

Ebenfalls zu den Nagern zählen Bisam und Schermaus. Beide Arten kommen regelmäßig in der Lewitz vor, da ihr Lebensraum an das Wasser gebunden ist. Besonders im schlammigen Uferbereich der Gewässer sind häufig die Spuren der Schermaus zu finden. Der Bisam wurde zu Zeiten der DDR in relativ hoher Zahl durch Bisamjäger bejagt, weil diese Tiere nach Ansicht des Wasserbaus die Deiche und Dämme untergraben und somit einen wirksamen Hochwasserschutz nicht mehr gewährleisten. Inzwischen wird der Bisam wesentlich weniger bejagt, die Bestände haben aber erstaunlicherweise nicht zugenommen, wie immer prophezeit wurde. Ein ähnliches Phänomen ist auch beim Fuchs zu verzeichnen.

Neben diesen Kleinsäugern spielt die Ordnung der Fledermäuse als Insektenfresser in der Lewitz ebenfalls eine große Rolle. Auch hier sind entsprechend der Biotoptypen mehrere heimische Fledermausarten verbreitet. Allerdings ziehen einige Arten im Winter über größere Entfernungen in Winterquartiere nach Mittel- und Süddeutschland. In Kellergewölben angrenzender Siedlungen konnten in den letzten Jahren auch überwinternde Fledermausarten festgestellt werden. In der Dämmerung kann man den Abendsegler in Höhe der Baumwipfel jagen sehen. Durch die vielen Wasserflächen ist in der Lewitz besonders die Wasser- und die Fransenfledermaus anzutreffen, die nach den Abendseglern ausfliegen. Rauhautfledermäuse bevorzugen besonders die Nähe der Siedlungen, wo sie im Dachgebälk der Häuser und Schuppen ihre Jungtiere aufziehen. Im dichten Unterholz der Waldlewitz kommt die etwas seltenere Braune Langohrfledermaus vor. Die Mausohrfledermaus konnte seit Jahren hingegen nur in den angrenzenden Bereichen, so in der Stadt Ludwigslust im Winterquartier nachgewiesen werden. Das Mausohr ist eine FFH (Flora Fauna Habitat)-Art mit besonderem Schutzstatus im europäischen Maßstab. Gleiches trifft auf die Teichfledermaus zu, die aller-

Abb. 42
Steinmarder

Abb. 43
Fischotter (Gehegeaufnahme)

Abb. 44
Zweifarbfledermaus

Abb. 45 Wildschweine und andere größere Säugetierarten spielen eine große Rolle in der traditionsreichen Jagdgeschichte der Lewitz

dings nur vereinzelt nachgewiesen wurde. Erst im Winter 2002 fand man erstmalig in Ludwigslust eine Zweifarbfledermaus (Abb. 44). Nachgewiesen und somit bestätigt wurde diese in Norddeutschland seltene Tierart in der Lewitz mit einem Fledermausdetektor. Mehr in den Siedlungsbereichen ist die Breitflügelfledermaus zu finden. Es ist zu erwarten, dass die eine oder andere Fledermausart in der Lewitz in Zukunft erstmalig nachgewiesen wird.

Außer den Kleinsäugern sollen an dieser Stelle noch die Hasentiere (*Lagomorpha*) und die Huftiere (*Artiodactyla*) wie die Wildschweine (Abb. 45), Reh-, Rot- und Dammwild genannt werden.

Die aufgezählten Arten sind in der Lewitz aufgrund der geringen Siedlungsdichte durch den Menschen und der Großräumigkeit dieses Gebietes relativ wenig gefährdet. Jedoch sind mehrere unterschiedliche Gefährdungspotentiale von verschiedener Bedeutung für die einzelnen Säugetierarten vorhanden. Dazu muss besonders der zunehmende Autoverkehr vorwiegend in den Morgen- und Abendstunden und der zunehmende Freizeitverkehr an den Wochenenden gerechnet werden. Dieser findet genau in der Tageszeit statt, in der die Tiere auf Nahrungssuche unterwegs sind. Außerdem besteht in der Lewitz die Gefahr der Übernutzung der Landflächen. Dazu zählt eine überproportionale Abholzung von Waldflächen, die Deckung, Nahrung und Reproduktionsraum bieten sowie die Übernutzung von Weideflächen. Auch die sogenannte Gewässerinstandhaltung sowie „Gewässerpflege" ist eine Störung des biologischen Gleichgewichtes und hat negative Wirkungen auf die Flora und Fauna. Viele dieser Maßnahmen sind nicht notwendig und reine Geldverschwendung. Besonders einzelne Säugetierarten reagieren empfindlich auf derartige Maßnahmen. Das betrifft auch die zu hohen Schalenwildbestände, die aufgrund verschiedener Ursachen, wie den milden Wintern in den letzten Jahren, sehr angewachsen sind. Hier sind der Naturschutz und das Jagdwesen besonders gefordert, um regulierend in diese Bestände einzugreifen. Allerdings stellt die ungeordnete Jagd und die Wilderei eine besondere Gefährdung dar, weil damit eben nicht vernünftig auf die Bestände eingewirkt wird.

Viele Fragen zur Verbreitung, zur Lebensweise und zum Schutz von Säugetieren gibt es in der Lewitz noch zu klären, was in Zukunft eine lohnende Aufgabe sein wird. Diese Zusammenstellung kann nur als ein kleiner Schritt in der Freilandforschung angesehen werden und erhebt keinen Anspruch auf Vollständigkeit.

Literatur

FROMM, L. & STRUCK, C. (1866): Beschreibung des Störbeckens: 134.

LABES, R. & LABES, S. (1986): Beitrag zur Säugetierfauna der Lewitz und des unteren Eldetales. - Säugetierkd. Inf. 2 (10): 349-360.

LABES, R. & OHLSEN, B. (1983): Ein Beitrag zur Kleintierfauna West- und Südwestmecklenburgs mit der Elbtalniederung (Kreis Gadebusch, Schwerin, Hagenow, Ludwigslust und Perleberg) auf der Grundlage von Gewöllfunden. - Naturschutzarbeit in Mecklenburg-Vorpommern. Kleinmachnow. 26. Jhg. H.1: 35-43.

OHLSEN, B. (1976): Ein Beitrag zur Kleinsäugerfauna der Lewitz und des unteren Eldetals (Kreise Schwerin-Land und Ludwigslust) nach Gewöllfunden. - Naturschutzarb. Meckl. 19 (1/3): 56-59.

STUBBE, H. (1993): Buch der Hege - VEB Deutscher Landwirtschaftsverlag Berlin, Bd. 2: 550-576.

STUBBE, M. & KRAPP, F. (1993): Handbuch der Säugetiere Europas. - Aula-Verlag GmbH. Wiesbaden, 6 Bände.

3.5. Die Lurche und Kriechtiere

Bernd Presch

Das Landschaftsschutzgebiet Lewitz bietet durch seine unterschiedlichen Landschaftsstrukturen einer Vielzahl von Lurchen und Kriechtieren einen Lebensraum.

Von herausgehobener Bedeutung sind die Vorkommen von Rotbauchunke und Kammmolch. Beide Arten sind als Arten des Anhanges II der FFH-Richtlinie wertgebende Bestandteile des FFH-Gebietes Nr. 124 „Friedrichsmoor" und sind in die Kategorie „stark gefährdet" der Roten Liste der Amphibien und Kriechtiere M-V eingeordnet worden.

So berichtet ZIMMERMANN (1998 pers. Mitteilung) über ein bereits mehrere Jahre beobachtetes Massenvorkommen (mehrere hundert Tiere) der Rotbauchunke (Abb. 46) in den flach bespannten, keiner fischereiwirtschaftlichen Nutzung unterliegenden Teichen der Teichgruppe Mittelschleuse. Seinen besonderen Stellenwert gewinnt dieses Vorkommen, da es sich um die wohl stärkste Population an der westlichen Verbreitungsgrenze handelt. Die Rotbauchunke kommt in der Landschaftszone Südwestliches Vorland der Seenplatte nur sporadisch vor. Erst im Elbtal sind wieder dichte Vorkommen zu finden.

ZIMMERMANN berichtet außerdem im (bei den Umweltverwaltungen erhältlichen) Faltblatt über das Naturschutzgebiet „Fischteiche in der Lewitz" über Massenlaichplätze von Moorfrosch und Erdkröte (Abb. 47) und über das Vorkommen von Wechselkröte (Abb. 48) sowie Knoblauchkröte (Abb. 49). Die früher großen Bestände der Ringelnatter sind nach Angaben dieses Autors fast erloschen.

Die im ehemaligen Bezirk Schwerin tätigen Feldherpetologen machten Angaben über Nachweise der Kreuzkröte und des Laubfrosches im Bereich der Fischteiche. Für den Teichmolch, den Teichfrosch, den Grasfrosch, den Moorfrosch und die Erdkröte werden fast flächendeckende Vorkommen im Landschaftsschutzgebiet „Lewitz" gemeldet.

Eine gleichermaßen dichte Verbreitung wird auch für Waldeidechse, Blindschleiche und Ringelnatter angegeben, während das Vorkommen von Kreuzotter und Zauneidechse deutlich weniger gemeldet wurde.

Auch wenn eine ganze Reihe von Daten über die Herpetofauna (Lurche und Kriechtiere) der Lewitz vorliegen, so muss im Vergleich zur Avifauna auf einen erheblichen Untersuchungsbedarf verwiesen werden.

Eine geeignete Quelle für neue Erkenntnisse ist die Auswertung von Zählungsergebnissen an Leiteinrichtungen.

Seit 1998 wurde jährlich von Mitarbeitern des LEWITZPROJEKTES der Grünen Liga bzw. seit 2002 des NABU und ehrenamtlichen Helfern an der Straße Neuhof in Richtung Kronskamp zwischen Ortsausgang Neuhof und Fischerei ein Lurchzaun errichtet. Diese insgesamt 950 m lange Leiteinrichtung, die jeweils von März bis Mai betreut wurde, ermöglichte jährlich zwischen 1.043 und 1.603 Lurchen eine gefahrlose Wanderung zum Laichgewässer. Dabei wurden die im NSG-Faltblatt gemachten Angaben zum Artenspektrum der Lurche auch für

den südlichsten Bereich des NSG bestätigt. Die Erdkröte dominierte 2001 in den Fängen mit 74 %. Weitere Arten waren nachfolgend vertreten: Grünfrösche - Rana spec. (9%), Grasfrosch (7%), Teichfrosch (5%), Moorfrosch (3%), Knoblauchkröte (1%) und Wechselkröte (1%). Die Rotbauchunke wurde im Untersuchungszeitraum in zwei Exemplaren nachgewiesen.

Abb. 46
Rotbauchunke in Abwehrhaltung

Abb. 47
Erdkröte auf dem Laichzug

Abb. 48
Schön gezeichnet: die Wechselkröte

Abb. 49
Die Knoblauchkröte ist gut an der senkrecht stehenden Pupille zu erkennen.

3.6. Die Schmetterlinge

Uwe Deutschmann

Die Lewitz ist mit ihren reich gegliederten Biotopstrukturen ein Rückzugsgebiet vieler seltener Schmetterlingsarten.

Besonders wertvoll, nicht nur für die Insektenfauna, sind die an den Ufern der Teiche, den Zu- und Abflüssen der Elde sowie an der Müritz-Elde-Wasserstraße noch vorhandenen Röhrichtbestände. Diese Röhrichtbestände bilden einen Lebensraum für sogenannte Röhrichtfalter, die sich vielfach in besonderer Art und Weise den hier vorherrschenden mikroklimatischen Verhältnissen angepasst haben. Es gibt dort verhältnismäßig wenige Arten, jedoch kommen sie in hohen Individuenzahlen vor. Ei, Raupe, Puppe und der fertige Falter sind an den Lebensraum Röhricht gebunden. Statt blühende Kräuter, die es im Röhrichtgürtel kaum gibt, nehmen die Falter mit ihren kurzen Rüsseln als Nektarquelle den abgesonderten Honigtau der auf den Schilfblättern lebenden Blattläuse auf. Es ist schwer für die Raupen zu überleben, denn durch das Befressen der Schilfhalme berauben sich die Larven ihrer eigenen Lebensgrundlage. Nachdem der eine Schilfhalm befressen ist, müssen die Tiere auf einen anderen Schilfhalm wechseln. Das geht nur bei dichten Röhrichtbeständen, sonst müssen die Tiere verhungern oder stürzen in das Wasser und ertrinken. Die sogenannten Röhrichtfalter haben sich ihrem Lebensraum auch in der Farbe angepasst. Die Farbe der Vorderflügel ist meistens hell- bis dunkelbraun. Die Tiere werden deshalb im ruhenden Stadium von ihren Fraßfeinden, den im Röhricht lebenden Vögeln, schlecht erkannt. Eine der größten Schilffalter ist die Rohrkolbeneule (*Nonagia typhae Thbg.*). Mit einer Flügelspannweite von bis zu fünf cm ist sie verhältnismäßig selten. Häufiger dagegen ist im Herbst die ca. zwei cm „große" Wasserschwaden-Röhrichteule (*Phragmatiphila nexa Hb.*) anzutreffen. Ihre dunkelbraunen Vorderflügel ziert ein weißes „S"-Zeichen. Weitere in der Lewitz nachgewiesene Röhrichtfalter sind die Zweipunkt-Schilfeule (*Archanara geminipuncta Haworth*), die Gelbbraune Schilfeule (*Arcanara dissoluta Treitschke*) und die relativ seltene im Herbst fliegende Büttners Schrägflügeleule (*Sedina buettneri Hering*). Eine weitere interessante Art in den Schilfgebieten ist der Rohrbohrer (*Phragmataecia castaneae Hb.*). Die Raupe des Rohrbohrers soll sich in den Stängeln des Schilfs bis zu drei Jahre entwickeln.

Insgesamt wurden in der Lewitz bis zu 30 Schmetterlingsarten nachgewiesen, deren Habitat Schilf und Rohrkolben sowie andere in diesem Biotop vorherrschende Pflanzen sind. Viele der in den Schilfröhrichtbeständen der mecklenburgischen-vorpommerschen Seen und Flüsse vorkommenden Insekten, und hier insbesondere die Schmetterlinge, sind in anderen Bundesländern stark gefährdet oder noch nicht nachgewiesen. Jeder Eingriff in diesen Lebensraum würde sich vernichtend auf die Insektenfauna und nicht zuletzt auch auf die Vogelwelt auswirken. Das Land hat deshalb eine besondere Verantwortung übernommen, größere Röhrichtbestände zu erhalten.

Durch die seit dem 17. Jahrhundert anhaltende Entwässerung des Gebietes haben sich aus den damals natürlichen, aber artenarmen Birken- und Erlenbrüchen relativ trockene Erlen-, Eichen- und Buchenwälder mit der entsprechenden Krautvegetation entwickelt. So kommen sehr viele Tiere vor, deren Raupen an Eichen und Buchen leben.

An keiner heimischen Baumart leben mehr Schmetterlingsarten als an der Eiche. Diese Baumart ist in der Lewitz häufig, auch wurden viele Eichen neu angepflanzt. An den über-

hängenden Ästen der Eiche lebt die Raupe des Eichenzipfelfalters (*Zephyrus quercus L.*). Als Falter wird der blau-schimmernde Eichenzipfelfalter selten beobachtet, da er den größten Teil seines relativ kurzen Falterlebens um die Wipfel der hohen Eichen fliegt. Eine weitere an Eichen lebende, für Westmecklenburg interessante Art, ist der Eulenfalter (*Orthosia miniosa D. & Schiff*). Die Lewitz ist eine von bisher zwei bekannten Fundorten dieser Art in West-mecklenburg (in der Roten Liste der gefährdeten Großschmetterlinge von Mecklenburg-Vorpommern „gefährdet Kategorie 3" eingeordnet).

Die Waldgebiete der Lewitz mit ihren abwechslungsreichen Strukturen bieten noch weite-ren Schmetterlingsarten ausreichend Lebensraum. Während die gleichförmigen Buchenwälder relativ artenarm sind, bieten die sonnigen und warmen Saumstrukturen der Wald- und Weg-ränder mit einer reichen Krautschicht zahlreichen Arten eine hervorragende Lebensgrundlage. So bieten die Schlehen- und Weißdornbüsche vielen interessanten Arten beste Entwicklungs-möglichkeiten. Bemerkenswert ist hier der Nierenfleck-Zipfelfalter (*Thecla betulae L.*), ein ca. zwei cm „großer" brauner Falter mit einem orangeroten ovalen Fleck auf den Vorderflügeln aus der Familie der Bläulinge. Der Falter ist in Mecklenburg relativ selten.

In den schattigen Abschnitten des Laubwaldes verteidigt das Waldbrettspiel (*Pararge aegeria L.*), ein Augenfalter, gegen Gleichartige sein Revier.

Die ersten warmen Sonnenstrahlen wecken den Zitronenfalter (*Gonepteryx rhamni L.*) aus der Winterruhe. Der Falter überwinterte unter loser Borke der Bäume oder auf dem Boden zwischen dem Laub. Er ist im Frühjahr bereits acht Monate alt. Nach der Paarung legt das Weibchen die Eier an die Blätter des Faulbaumes. Jetzt beginnt der typische Entwick-lungszyklus der Schmetterlinge von Neuem: aus dem Ei entwickelt sich eine „Eiraupe", die ununterbrochen frisst. Da die Raupenhaut nicht mitwächst, muss sich die Raupe mehrmals häuten. Wenn die erwachsene Raupe ca. vier cm „groß" ist, heftet sie sich mit einem selbst gesponnenen Faden an ein Blatt oder einen Zweig und verwandelt sich in eine Puppe. Anfang Juli schlüpft daraus ein Falter einer neuen Generation und der ganze Kreislauf beginnt von Neuem. Die Falter ernähren sich vom Nektar verschiedener Blütenpflanzen.

Auf den degradierten trockenen Waldrändern und in Erlenwäldern haben sich weitrei-chende Brennnesselbestände angesiedelt. An ihnen entwickeln sich u.a. die Raupen des Kleinen Fuchses (*Aglais urticae L.*), des Admirals (*Vanessa atalanta L.*) (Abb. 50), des Tag-pfauenauges (*Inachis io L.*) und des Landkärtchenfalters (*Araschnia levana L.*) (Abb. 51).

An den Wegrändern fliegt der Schwarzfleckige Golddickkopffalter (*Carterocephalus silvi-colus Meigen*). Er ist in Mecklenburg relativ selten. Weitere Fundorte dieser Art sind das NSG „Grambower Moor", dort sind die Falter auf den Dämmen des Moores anzutreffen, sowie das Waldgebiet in Schelfwerder bei Schwerin. Der Golddickkopffalter ist in der Roten Liste der gefährdeten Tagfalter von Mecklenburg-Vorpommern als „gefährdet Kategorie 3" eingestuft.

Weitere Tagschmetterlinge, die an den Wegrändern bisher beobachtet wurden, sind das Damenbrett (*Melanargia galathes L.*), der Mauerfuchs (*Pararge megaera L.*), der Schornsteinfeger (*Aphantopus hyperantus L.*), das Große Ochsenauge (*Epinephele jurtina L.*), das Weiße C (*Poly-gonia c-album L.*), der Kleine Perlmuttfalter (*Argynnis lathonia L.*) (Abb. 52), der Brombeer-zipfelfalter (*Callophrys rubi L.*), der Große Feuerfalter (*Chrysophanus virgaureae L.*), der Kleine Feuerfalter (*Chrysophanus phlaeas L.*) und natürlich der Gemeine Bläuling (*Lycaena icarus L.*).

Auf den extensiv bewirtschafteten Weideflächen der Lewitz kommen relativ wenige Arten vor. Selten ist der Schwalbenschwanz (*Papilio machaon L.*) zu beobachten, obwohl die Futterpflanzen seiner Raupe, verschiedene Doldengewächse, hier häufig sind.

Noch vorhandene Feuchtwiesen geben Feuchte liebenden Tieren einen entsprechenden Lebensraum. Hier und an den feuchten Stellen der Waldränder entwickelt sich an Wiesen-

Abb. 50
Admiral (links ein kräftiger gefärbtes frisch geschlüpftes Tier)

Abb. 51
Landkärtchenfalter (Sommerform)

Abb. 52
Kleiner Perlmuttfalter

Abb. 53
Aurorafalter

Schaumkraut der im Frühjahr fliegende Aurorafalter (*Anthocaris cardamines L.*). Das Männchen hat auf den Vorderflügeln einen orangeroten Fleck (Abb. 53), das Weibchen ist weiß gefleckt und auf der Unterseite der Hinterflügel marmoriert.

Insgesamt wurden bisher in der Lewitz ca. 350 Groß- und Kleinschmetterlingsarten nachgewiesen. Durch eine intensive Untersuchung des Gebietes könnten aufgrund der verschiedenen Biotopstrukturen mindestens 500 Schmetterlingsarten vorkommen.

Literatur

KARSHOLT, O. & RAZOWSKI, J. (1966): The Lepidoptera of Europa (A Distriburtional Checklist) Apollo Books, Strenstrup.

KOCH, M. (1991): Wir bestimmen Schmetterlinge. - Neumann Verlag, Leipzig, Radebeul.

WACHLIN, V. et. al. (1993): Rote Liste der gefährdeten Tagfalter Mecklenburg-Vorpommerns. - Hrsg.: Umweltministerium des Landes Mecklenburg-Vorpommern, Schwerin.

WACHLIN, V. et. al. (1997): Rote Liste der gefährdeten Großschmetterlinge Mecklenburg-Vorpommerns. - Hrsg.: Ministerium für Landwirtschaft und Naturschutz des Landes Mecklenburg- Vorpommern, Schwerin.

3.7. Wirbellose Tiere der Gewässer

Uwe Jueg

Wirbellose Tiere stellen die meisten Arten unter den bekannten Tieren (ca. 80-90%); sie sind aber gegenüber den Wirbeltieren weitaus weniger bekannt und populär. Im Stoffkreislauf der Natur übernehmen sie wesentliche Funktionen, z.B. die Filtration des Wassers oder sie bilden die Nahrungsgrundlage für andere Arten. Außerdem können durch das Feststellen ihres Vorkommens oder Fehlens sehr gute Schlüsse über die Qualität des entsprechenden Lebensraumes abgeleitet werden.

Die Lewitz besitzt als ehemaliges Großfeuchtgebiet nur noch recht wenige natürliche oder naturnahe Gewässer, die aber für die wirbellosen Wassertiere ideale Rückzugsgebiete darstellen, z.B.: die Alt- und Totarme der Elde sowie die Müritz-Elde-Wasserstraße mit ihren Zu- und Abflüssen. Als einziger See in der Lewitz besitzt der Neustädter See eine enorme Bedeutung als Lebensraum vieler gefährdeter wirbelloser Tiere. Die Fischteiche und die zahlreichen Gräben enthalten meist nur wenige Arten, die dann aber häufig sind.

Weichtiere (Schnecken und Muscheln)

Tropische Schnecken und Muscheln sind wegen ihrer Formen- und Farbenvielfalt begehrte Sammelobjekte, und wohl jeder hat schon einmal Bekanntschaft mit ihnen gemacht. Beide Gruppen lassen sich sehr gut an ihrer Schale unterscheiden. Schnecken haben eine mehr oder weniger spiralig gewundene Schale („Schneckenhaus") und Muscheln besitzen eine Schale bestehend aus zwei Schalenklappen, die nach dem Absterben der Tiere oft einzeln gefunden werden. Die heimischen Arten zeigen eine weniger ausgeprägte Formenvielfalt, faszinieren aber trotzdem beim genauen Beobachten.

In der Lewitz wurden bisher 80 verschiedene Arten gefunden, unter ihnen zahlreiche Raritäten. Schon am Ufer der Elde kann man im Baggeraushub eine Fülle leerer Schalen sammeln. Darunter befinden sich in der Regel große Muscheln, wie die Malermuschel (*Unio pictorum*), die Aufgeblasene Flussmuschel (*Unio tumidus*) und die Flache Teichmuschel (*Anodonta anatina*), die auch lebend halb eingegraben im sandigen Ufer zu finden sind. Selten ist die Bachmuschel (*Unio crassus*) als schlecht erhaltene Schale zu finden, welche seit dem starken Gewässerausbau (Schleusen) in der Elde ausgestorben ist. Nur noch in einigen kleinen Bächen ist sie vorhanden (Abb. 54). Aber auch kleine Muscheln sind beim genauen Hinsehen zu entdecken. Erwähnenswert sind die Vorkommen der Großen und der Dickschaligen Kugelmuschel (*Sphaerium rivicola und S. solidum*), die in ganz Deutschland stark gefährdet bzw. vom Aussterben bedroht sind. Beide leben völlig eingegraben im ufernahen Sand oder Kies. Die Populationen der Dickschaligen Kugelmuschel aus der Müritz-Elde-Wasserstraße sind die größten in Deutschland.

An Steinen, Holz und Wasserpflanzen begegnet uns sehr häufig die Neuseeländische Deckelschnecke (*Potamopyrgus antipodarum*), eine kleine Art, die 1901 versehentlich zu uns gelangt ist und sich hier explosionsartig ausbreitete. Sie ist oft zusammen mit der Stumpfen Sumpfdeckelschnecke (*Vivivparus viviparus*), der Ohr-Schlammschnecke (*Radix auricularia*) und der Fluss-Kahnschnecke (*Theodoxus fluviatilis*) zu finden. Auch der Flusssteinkleber (*Lithoglyphus naticoides*) ist hier manchmal anzutreffen. Er ist, wie die Wandermuschel (*Dreissena polymorpha*), über das Weichsel-Oder-Flusssystem aus Südosteuropa zu uns gekommen.

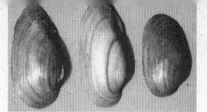

Angeheftet an Wasserpflanzen sind oft sehr kleine napfförmige Schnecken zu sehen, bei denen es sich um zwei Arten, die Teichnapfschnecke (*Acroloxus lacustris*) und die Septenmützenschnecke (*Ferrissia wautieri*) handelt. Eine dritte Art, die Flussnapfschnecke (*Ancylus fluviatilis*), lebt in fließendem Wasser, z.B. unterhalb der Schleusen.

Insgesamt sind in der Müritz-Elde-Wasserstraße im Lewitzgebiet 45 Arten von Wasserschnecken und Muscheln zu beobachten.

Das zweite Eldorado für Süßwassermollusken ist der Neustädter See, der trotz seiner seit Jahren zunehmenden Eutrophierung (Nährstoffbelastung) noch zahlreiche Arten beherbergt. Auf den ersten Blick scheint der See sehr artenarm zu sein, weil nur wenige große Muscheln und Schnecken zu finden sind. Von Fluss- und Teichmuscheln liegen bisher noch keine Nachweise vor. Im sandigen Untergrund zwischen den dort lebenden Wasserpflanzen, z.B. dem vom Aussterben bedrohten Strandling (*Littorella uniflora*), leben zahlreiche Kleinmuscheln mit einer Größe von wenigen Millimetern. Von besonders großem Wert sind die Bestände der Kugeligen Erbsenmuschel (*Pisidium pseudosphaerium*), der Glatten Erbsenmuschel (*Pisidium hibernicum*) und der Kreisrunden Erbsenmuschel (*Pisidium lilljeborgii*), welche alle in Mecklenburg-Vorpommern stark gefährdet sind.

Unter den Schnecken ist das Glatte Posthörnchen (*Gyraulus laevis*) erwähnenswert, welches sehr selten zwischen den Wasserpflanzen zu finden ist. Am häufigsten begegnen uns im Neustädter See die Scharfe Tellerschnecke (*Anisus vortex*), die Riementellerschnecke (*Bathyomphalus contortus*) und die Glänzende Erbsenmuschel (*Pisidium nitidum*). Insgesamt leben 24 Arten von Schnecken und Muscheln im See. Drei Arten sind leider nur als leere Schale nachweisbar, sie sind also ausgestorben.

Egel

Mit den Egeln (umgangssprachlich Blutegel) verbinden die meisten Menschen blutrünstige Würmer, die nur darauf lauern, Badende zu befallen und diesen das Blut zu entziehen. Diese Ansicht spiegelt die Unkenntnis der Menschen über Egel wider. Aus Mecklenburg-Vorpommern sind 20 Egelarten bekannt, von denen viele (z.B. die Schlundegel) gar kein Blut saugen, sondern sich von Kleintieren ernähren, die sie im Ganzen verschlingen. Andere Egel sind auf spezielle Wirte angewiesen, wie die Fisch- oder Schneckenegel. Nur zwei der 24 bei uns heimischen Egel sind überhaupt in der Lage, vom Menschen Blut zu saugen, der Medizinische Blutegel und der Schildkrötenegel. Beide Arten sind in ganz Deutschland extrem selten sowie gefährdet und konnten in der Lewitz bisher nicht beobachtet werden! Aus der Lewitz sind bislang 11 Egelarten bekannt geworden.

Der mit Abstand häufigste ist der Gemeine Schlundegel (*Erpobdella octoculata*), der in nahezu jedem Gewässer an Steinen, Holz, Wasserpflanzen, „Müll" oder im Sediment eingegraben zu finden ist. Nicht ganz so häufig, aber auch überall vorhanden, sind der Zweiäugige Plattegel (*Helobdella stagnalis*), der Große Schneckenegel (*Glossiphonia complanata*) und der Fischegel (*Piscicola spp.*). Der Vieräugige Plattegel (*Hemiclepsis marginata*) und der Entenegel (*Theromyzon tessulatum*) wurden bisher nur zwischen Wasserpflanzen in Altarmen der Elde beobachtet. Letzterer saugt übrigens Blut von Wasservögeln, indem er in ihren Nasen- und Rachenraum eindringt. Besonders häufig kommt in den Meliorationsgräben der Vielfraßegel (*Haemopis sanguisuga*) vor, der oft infolge seiner Größe mit dem Medizinischen Blutegel verwechselt wird. Dabei saugt er gar kein Blut, sondern ernährt sich hauptsächlich von Wasserinsekten, Ringelwürmern und Kaulquappen.

Von besonders hohem Wert für die Egelfauna der Lewitz sind aber die größeren fließenden Gewässer, insbesondere die Müritz-Elde-Wasserstraße und der Störkanal. Der Schwarz-

bindige Schlundegel (*Erpobdella nigricollis*) ist dort häufig an Steinen oder Holz sitzend zu finden. Im Störkanal bei Rusch konnte vor kurzem der Gesprenkelte Schlundegel (*Erpobdella vilnensis*) erstmalig für Mecklenburg- Vorpommern nachgewiesen werden. Diese Art gehört zu den seltensten in unserem Bundesland und ist auf Fließgewässer angewiesen. Ebenfalls sehr rar sind die Beobachtungen des Einstreifigen Schlundegels (*Erpobdella monostriata*), welcher in der Alten Elde und im Neustädter See lebt.

Krebse

Auch Krebse stellen eine umfang- und formenreiche Gruppe dar. Zu ihnen gehören sowohl Wasserflöhe, Seepocken, Entenmuscheln, Muschelkrebse, Flohkrebse, Asseln als auch Krabben, Garnelen und natürlich die Flusskrebse.

Die meisten dieser Arten leben im Meer, Asseln auch an Land. Von den Süßwasserarten wurden bisher nur die größeren Krebse in der Lewitz näher untersucht. Am bekanntesten ist wohl der Amerikanische Flusskrebs (*Orconectes limosus*), der in allen Gewässern der Lewitz vorkommt. Er wurde um 1890 nach Deutschland eingeführt und hat sich seitdem in Norddeutschland stark ausgebreitet, so dass er heute unser häufigster Flusskrebs ist. Noch häufiger ist die Wasserassel (*Asellus aquaticus*) zu finden. Sie stellt keinerlei Ansprüche an ihren Lebensraum und fühlt sich besonders in stark verschmutzten (eutrophierten) Gewässern wohl. Hier kommt sie dann mitunter in Massen vor.

Bachflohkrebse, die in der Lewitz mit vier Arten vertreten sind, kann man vor allem in Fließgewässern beobachten. Besonders beim Umdrehen von Steinen können die seitlich abgeplatteten kleinen Krebse in hoher Zahl gefunden werden. Der größte von ihnen ist der Roesels-Bachflohkrebs (*Gammarus roeseli*), der auch stehende Gewässer besiedelt.

Ein erst Ende der 1950er Jahre aus Nordamerika in die Werra eingebürgerter Krebs ist der Gestreifte Bachflohkrebs (*Gammarus tigrinus*). In der Elde wurde er erstmalig 1997 entdeckt. Aus anderen Fließgewässern ist bekannt, dass er die heimischen Bachflohkrebse verdrängen kann. Auch der Süßwasser-Röhrenkrebs (*Corophium curvispinum*) gehört nicht zum ursprünglichen Artenspektrum. Er ist aus dem südeuropäischen Raum eingewandert und wurde 1912 erstmals in Deutschland nachgewiesen. Heute kommt er in vielen Lewitzgewässern vor.

Entnimmt man mit einem Glas Wasserproben aus Flüssen oder anderen Gewässern, fallen die kleinen Wasserflöhe und Hüpferlinge auf, die mit flohartigen Bewegungen durchs Wasser schwimmen. Ein häufiger Vertreter dieser Tiergruppe in den Gewässern der Lewitz ist der Rüsselkrebs (*Bosmina longirostris*), der mitunter in Massen auftreten kann. Im Neustädter See wurde auch der Raubwasserfloh (*Polyphemus pediculus*) gefunden, der ca. zwei mm groß wird.

Literatur

GLÖER, P. & MEIER-BROOK C. (1998): Süßwassermollusken - Ein Bestimmungsschlüssel für die Bundesrepublik Deutschland. Deutscher Jugendbund für Naturbeobachtung (Hrsg.), Hamburg.

JUEG, U. (1998): Bemerkenswerte Egel (Hirudinea) und Krebsegel (Branchiobdellida) in Mecklenburg-Vorpommern. - Lauterbornia 32: 29-47, Dinkelscherben.

JUEG, U., MENZEL-HARLOFF, H. & SEEMANN, R. (2002): Rote Liste der gefährdeten Schnecken und Muscheln des Binnenlandes Mecklenburg-Vorpommern, 2. Fassung. Der Umweltminister des Landes Mecklenburg-Vorpommern (in Vorbereitung), Schwerin.

NESEMANN, H. (1997): Egel und Krebsegel Österreichs. - Sonderheft der ersten Vorarlberger Malakologischen Gesellschaft, Rankweil.

ZETTLER, M. L. (1998): Liste der höheren limnischen Krebse (Crustacea: Malacostraca) in den Binnen- und Küstengewässern Mecklenburg-Vorpommerns einschließlich ihrer Gefährdung. - Naturschutzarbeit in Mecklenburg-Vorpommern 41 (1/2): 26-31, Neuenkirchen.

Abb. 54   Flussmuscheln: v.l.n.r.: Aufgeblasene Flussmuschel, Malermuschel (häufig in der Müritz-Elde-Wasserstraße), Bachmuschel (früher in der Elde vorkommend)

Abb. 55
Gerippte Grasschnecke, lebt im Mulm der Lewitzwiesen

Abb. 56
Herbstabfischung der Abwachsteiche

Abb. 57
Volksfest: Alljährliches Abfischen des Neuhöfer Teiches Anfang November mit Verkauf

4. Fischerei

Thorsten Wichmann

Die Schwerpunkte der Fischerei in der Lewitz sind die Karpfenteichwirtschaften Neuhof und Friedrichsmoor. Am Ende des 19. Jh. sank die Nachfrage nach Lewitzheu. Einige Wiesen lagen im Druckwasserbereich des Störkanals sowie im Überflutungsgebiet der Elde und lieferten demzufolge weniger Ertrag als andere Flächen. Im Jahr 1897 entstanden in diesen Lewitzwiesen linksseitig des Störkanals, die ersten 20 ha Teiche. In den Jahren 1900 bis 1905 folgten 250 ha Karpfenteiche, die ebenfalls privat betrieben wurden. Das Wasser zum Bespannen (Füllen) der beidseitig des Klinker Kanals angelegten Teiche wird seitdem diesem Kanal entnommen; danach sind nur noch Verdunstungs- und Versickerungsverluste auszugleichen. Die Teichtiefen betrugen 30-50 cm, so dass damals fast die Hälfte der Teiche wegen der sich darin üppig entwickelnden Flora nur jährlich wechselnd teich- und landwirtschaftlich genutzt werden konnte. Der Grund und Boden, auf dem die Karpfenteiche im Auftrag von Gutsbesitzer Ziemsen aus Grönings bei Wismar angelegt wurden, waren staatliches Eigentum und vom Forstfiskus verwaltet. Der Teichwirt investierte Privatkapital auf staatlichem Eigentum, dafür erhielt er für 25 Jahre das Recht auf kostenlose Nutzung. Nach dieser Zeit gingen die Teichanlagen ohne Entschädigung in das Verfügungsrecht der Forstverwaltung des Landes Mecklenburg über. 1906 kostete ein Zentner Speisekarpfen durchschnittlich 72,70 Mark, d.h. ca. 1,45 Mark pro kg.

1914 wurden am Lewitz-Kanal Erweiterungen auf 140 ha und am Klinker-Kanal auf 47 ha erreicht, die teilweise vom deutschen Fischereiverein vorgenommen worden sind.

Nach 1920 realisierte auch die Staatsforstwirtschaft ein eigenes Teichvorhaben. Wegen der steigenden Nachfrage wurde 1939 erneut die Fläche der Teiche auf letztendlich 533 ha erweitert. Nachdem aber 1940 die Friedrich-Franz-Schleuse außer Betrieb gestellt wurde und infolge davon der Wasserspiegel im Kanal um ca. 60 cm fiel, war mehr als die Hälfte der Teichfläche wegen zu geringer Tiefe der Verschilfung preisgegeben.

In der Karpfenteichwirtschaft bis 1945 lagen die Hektarerträge an Satz- und Speisekarpfen bei 50-150 kg/ha, was für die damaligen deutschen Verhältnisse ein durchschnittlicher Ertrag war. Erschwert wurde die Produktion in der Lewitz durch die flachen Teiche und den häufigen Wassermangel sowie die nördliche Lage (kälteres Klima), was bei wärmeliebenden Karpfen höhere Erträge verhinderte. Neben dem Karpfen wurden auch typische Nebenfische der Karpfenteichwirtschaft, wie Schlei und Hecht, produziert. Zusätzlich belieferten die Teichwirtschaften die Seen- und Flussfischereien mit Satzfischen, besonders mit Karpfen, Schleien, Zandern, Hechten und Karauschen. Der Wert aller Satzfische in Deutschland, die überwiegend in Teichwirtschaften herangezogen wurden, betrug 1939 nach amtlicher Statistik 53% des Geldwertes des gesamten Speisekarpfenertrages.

Im Gegensatz zum im Mittelalter üblichen Femelbetrieb, das heißt Halten aller Altersklassen in einem Teich, wurden die Karpfen streng unterteilt nach Altersklassen gehalten. So gab es in der Lewitz Laich-, Brutvorstreck- und Streckteiche neben den Teichen für die zwei- und dreisömmerigen Karpfen, die in sogenannten Streck- bzw. Abwachsteichen gehalten wurden.

Hinzu kamen Winterteiche zur Überwinterung der Satzfische sowie Hälterteiche, in denen Karpfen nach der Herbstabfischung der Abwachsteiche (Abb. 56) bis zum Verkauf ohne Fütterung gehältert wurden.

Das in Vollbetrieben (Betriebe, die alle Produktionsstufen von der Erbrütung bis zur Mast durchführen) anzustrebende Verhältnis von ca. 10% der Gesamtteichfläche für das erste Zuchtjahr, von ca. 23% im zweiten und von ca. 67% im dritten wurde in der Lewitz annähernd eingehalten. Die Zeit vom Schlupf der Karpfenbrut aus den Eiern bis zum verkaufsfähigen Speisekarpfen betrug üblicherweise drei Sommer. Ab 1960 war im ersten Jahr 25 g Stückgewicht das Ziel, im zweiten 250 g und im dritten 1.250 g. Die Stückmassen vor 1945 lagen etwas höher.

Das Wesentliche der Karpfenzucht im 19./20. Jahrhundert lag vor allem darin, den Teich wie andere landwirtschaftliche Böden zu bewirtschaften, um hohe Erträge zu erreichen. Dazu wurde er im bespannten Zustand gedüngt und gekalkt, wozu auch Reste der Karpfenfütterung dienten, und zeitweise trockengelegt. Im unbespannten Zustand wurde er gekalkt, desinfiziert, beackert und nach der Einsaat über Winter dem Frost ausgesetzt. Alle diese Maßnahmen dienten der Sicherung der dauerhaften Ertragsfähigkeit. Dazu kam die Teichpflege, zu der die Instandhaltung der Dämme und der Mönche (Bauwerke zum geregelten Wasserablauf in den Teichen), der Zu- und Abflussgräben sowie die Entschilfung und Entlandung zählten. Auch das Zuchtpotential der Karpfen wurde besser berücksichtigt.
Der wichtigste Faktor zur Erhöhung des Wachstums war die Zufütterung der Karpfen, was erst im 19. Jahrhundert voll erkannt wurde, z.B. mit Lupinen, Mais, Sojaschrot, Gerste, Roggen, Futterweizen und Kartoffeln. Der Karpfen ist ein Allesfresser, z.B. Kleintierfresser der Ufer- und Bodenregion (Kleinkrebse, Rote Zuckmückenlarve); große Karpfen fressen auch kleine Fische; Plankton und Wasserpflanzen sind weniger beliebt.

Der Zustand vieler Teiche war nach dem 2. Weltkrieg hoffnungslos. Die Teiche mussten wegen Mangel an Satz- und Laichfischen und wegen der meist unbrauchbaren Einlass- und Auslaufwerke zwei Jahre trocken bleiben. 1945 wurden die Neuhöfer Teiche (200 ha) durch die Bodenreform aufgesiedelt und zum Anbau dringend benötigter Nahrungsmittel genutzt. Erst im Jahre 1952 setzte man diese Teiche schrittweise wieder instand und nutzte sie zur Karpfenproduktion. Dabei mussten die zur Feldarbeit angelegten Einfahrten in den Dämmen rückgebaut und die unmittelbar nach der Kapitulation von sowjetischen Truppen zerstörten Mönche erneuert werden.
Bereits 1947 hatten unter Leitung des Fischermeisters Schöne in Friedrichsmoor Teichwirte einige Satzfischteiche entschilft, bespannt und mit Karpfenbrut besetzt, und ab 1950 konnte hier bereits wieder produziert werden. Von 1951 bis 1958 erfolgte die endgültige Ausdehnung der Teichfläche auf ca. 860 ha, wozu auf tiefliegendem Grünland, in Anlehnung an die alten Teichanlagen, ca. 330 ha neue Teiche angelegt wurden. Die alten Teiche überholte man gänzlich, und ein Schöpfwerk sicherte die Nutzung von 50 ha, die seit 1940 trocken lagen.
Der VEB Binnenfischerei Schwerin war von 1950 bis 1990 der Bewirtschafter der Karpfenteiche in der Lewitz. Diese Bewirtschaftung war gekennzeichnet durch zunehmende Besatzdichten, systematische Teichpflege, Düngung und Fütterung, wodurch die Hektarerträge von ca. 400 kg/ha 1959 auf ca. 1.000 kg/ha 1989 anstiegen. Flankierend dabei wurde mechanisiert und rationalisiert und damit die schwere körperliche Arbeit erleichtert. Ab 1976 führten Probleme in der Satzkarpfenproduktion zu einer Spezialisierung auf Speisefische. Die Personalstärke erreichte 1990 mit ca. 15 Fischern in Neuhof und 25 in Friedrichsmoor ihren Höhepunkt.
Von 1979 bis 1989 fand die schrittweise Rekonstruktion der 860 ha Teiche statt. Das allgemeine Ziel war die Vertiefung der Teiche von 0,5 bis 0,8 m auf 1,20 bis 1,30 m und eine Steigerung der Erträge auf 1.500 kg/ha. Zudem wurden viele kleine Teiche zu wenigen großen

vereint und Frischwasserleitungen zu den Abfischgruben in die Dämme eingebaut. Dabei sollte eine technische Belüftung zur Absicherung hoher Sauerstoffwerte und die Pelletzufütterung im Hochsommer realisiert werden, mit dem Nahziel von Speisekarpfenerträgen bis zu 3 t/ha. Lediglich der Neuhöfer Teich wurde mit Rücksicht auf den Naturschutz nur vertieft.

Nach einer zweijährigen Übergangszeit über eine Treuhand-GmbH nach der Wende erhielt die Binnenfischerei Mecklenburg GmbH Schwerin (BIMES) 1992 das Nutzungsrecht und ab 1998 Pachtverträge für die Lewitzteiche, die mittlerweile wieder das Land verwaltet.

Mit dem damit verbundenen Wechsel der ökonomischen Rahmenbedingungen werden die Teiche jetzt extensiv mit ca. 10 Fischern bewirtschaftet. Zur Zeit sind nur ca. 770 ha für die Karpfenproduktion genutzt, wobei zwischen 50 und 200 kg/ha Naturzuwachs realisiert werden. Der Arbeitsaufwand ist dadurch etwas geringer geworden, und die geringen Besatzzahlen vermindern das Krankheitsrisiko.

Die nicht rekonstruierten Brahm- und Möwenteiche, ca. 92 ha, werden seit 1992 zur Nutzung für den Naturschutz knietief bespannt. Sie sind stark verlandet und damit dauerhaft der Produktion entzogen.

Zur eigentlichen Fischproduktion ist nach 1992 die sehr arbeitsintensive Direktvermarktung (am Donnerstag/Freitag) hinzugekommen. Als Tradition hat sich der Verkauf direkt ab Teich am Ende der Herbstabfischung Anfang November am Neuhöfer Teich etabliert. An diesem Wochenende holen sich Tausende aus nah und fern Karpfen und andere Fischarten grün sowie be- und verarbeitet und können das alte Fischergewerbe hautnah miterleben (Abb. 57).

Der Kormoranbestand ist seit 1980 in Mecklenburg-Vorpommern außergewöhnlich stark angewachsen, so dass in der Satzfischproduktion extrem hohe Verluste auftreten können. Dagegen wird versucht, größere Satzkarpfen zu produzieren. Als vorbeugende Maßnahme gegen Vogelfraß überspannte man die Winterteiche in Neuhof komplett mit Polyethylennetzen, finanziert mit Fördermitteln des Landes. Nach 1990 wurde auf Antrag und nachgewiesenen Einbußen an Satzkarpfen durch Kormorane ein finanzieller Ausgleich aus Haushaltsmitteln des Naturschutzes gezahlt. Seit 1998 erfolgt kein Vertragsnaturschutz mehr. Die Ablenkfütterungen stellte das Land 2001 ein, da sie nicht den erhofften Erfolg hatten. Auf 382 ha dürfen aktuell Kormorane vergrämt und auf den Satzfischteichen geschossen werden. Die Fischer hoffen, dass Mecklenburg-Vorpommern ab 2003 wie andere Bundesländer am Kulturlandschaftsprogramm der EU teilnimmt, um Zuschüsse für die kostenträchtige Teichunterhaltung zu bekommen.

Bis 1990 kam es immer wieder zu Fischsterben in der Elde und im Störkanal als Folge von Havarien in der Zuckerfabrik Lübz bzw. im Klärwerk Schwerin-Süd. Dort floss bei Starkregen durch Fehlanschlüsse ungeklärtes Wasser ab. Dadurch waren auch die von diesem Wasser gespeisten Karpfenteiche bedroht. Produktionsumstellungen und die Rekonstruktion bzw. der Neubau von Kläranlagen verhindern diese Vorfälle seither. Die Wasserqualität der beiden Kanäle hat sich seit 1990 verbessert, wird aber stets den Charakter eines rückgestauten Fließgewässers behalten.

Die Fischerei in der Lewitz umfasst neben der Teichwirtschaft auch die Bewirtschaftung der zahlreichen Kanäle, Bäche und Grabensysteme durch Berufsfischer und Angler. In der Lewitz befinden sich ca. 613 km offene Wasserläufe, was die Dimension verdeutlicht.

Die Elde bis Grabow wird weiterhin von der Fischerei Müritz Plau GmbH bewirtschaftet. Der Störkanal und die anderen Fließgewässer werden durch Angelvereine gepachtet und bewirtschaftet. Dabei wird durch die Fischer mit den üblichen Fanggeräten der Flussfischerei,

wie Aalfang, Reuse und Elektrofanggerät, gearbeitet. Die Hauptfischarten in diesen Gewässern sind Weißfische, wie Blei, Plötze, Karpfen und Güster, aber auch Raubfische, wie Hecht, Zander, Aal, Barsch und Quappe.

Literatur

BARTHELMES, D. (1981): Hydrobiologische Grundlagen der Binnenfischerei. - VEB Gustav Fischer Verlag Jena: 120 ff.

GRÜNE LIGA (1997): Die Lewitz Fliess- und Standgewässer in einer Kulturlandschaft - Neustadt-Glewe: 1 ff.

KOCH, W. (1949): Fischzucht. - Verlag Paul Parey, Berlin und Hamburg: 2 ff.

KOOPERATIONEN DER LEWITZ (1981): Lewitz, Verwirklichte Bauernträume. - Schwerin: 85 ff.

WUNDSCH, H. (1960): Fischereikunde. - Neumann Verlag, Radebeul und Berlin: 95.

5. Die Waldlewitz

Kurzer Abriss der Waldentwicklung und Jagd

Christian Lange

Als eine Pionierbaumart auf nacheiszeitlichen Verlandungszonen siedelte sich auf den trocken-gefallenen Bereichen wahrscheinlich als erste Baumart die Erle an. Nach und nach rückten dann Birke (Moor- und Sandbirke), Stieleiche und auch Buche vor. Dabei siedelten sich relativ feuchtempfindliche Baumarten, wie Stieleiche, Buche und Sandbirke auf den höher gelegenen Teilen an, die Roterle blieb im grundwassernahen Bereich neben der Moorbirke ohne Konkurrenz. Der so entstandene Lewitzwald war in seiner Ausdehnung weit größer, als er sich uns heute darstellt.

Bereits aus dem 13. Jahrhundert sind Holzverkäufe (1284 Brand der Stadt Hamburg) nachgewiesen. Der Bedarf an Holz nahm ab dem 16. Jahrhundert immer mehr zu. Kriegs- und Geldnöte, Verpfändungen, die Rolle als Besetzungs- und Durchmarschgebiet fremder Truppen forderten im Mittelalter dem Wald ihre Tribute ab. Die von 1500 bis 1777 entlang der Elde entstandene Industrie (Eisenhämmer, Geschützgießereien, Messingwerke, Glas-hütten, Papier- und Pulvermühlen) verbrauchte Unmengen von Holz. Wegen Holzmangel musste die erst 1705 in Betrieb genommene Glashütte in Bahlenhüschen schon 1719 ihre Produktion wieder einstellen. Nicht unerheblich war auch der Bedarf an Holz, die der fürst-liche Hof zu Schwerin und Ludwigslust hatte. So ist für das Jahr 1769 ein Brennholzverbrauch von 13.800 fm nachgewiesen.

Das zum großen Teil geschlagene Erlenholz wurde im Niederwaldbetrieb bewirtschaftet, das heißt, die Erlenstöcke schlugen erneut aus, um nach etwa 30 Jahren wieder „gewadelt" zu werden. Diese Bewirtschaftung konnte aber nicht grenzenlos betrieben werden, denn die Erlenstöcke überalterten mit der Zeit und schlugen nicht mehr aus.

Hinzu kamen die umfangreichen Hutungsrechte der umliegenden Dörfer. Das in den Wald eingetriebene Vieh verbiss den Stockausschlag und vernichtete die angekommene Ver-jüngung. Aber es wurde nicht oder sehr selten aufgeforstet.

Durch große Kahlschläge fehlte der das Kleinklima regulierende Oberstand, extreme Spätfröste waren eine der Folgen.

Ende des 17. Jahrhunderts waren etwa 2/3 der Lewitz entwaldet. Die größten Kahlflächen befanden sich entlang der für den Holztransport wichtigen Flüsse Elde und Stör. Noch bis in die 50er Jahre des 20. Jh. wurden teilweise große Holzmengen als Floß verbunden auf dem Wasserwege durch die Lewitz befördert (Abb. 58). Die drohende Holznot ist von landesherr-licher Seite erkannt worden und nicht zuletzt aus jagdlichen Gründen erließ man 1777 ein Einschlagverbot. Nicht einmal das für den Bau von Brücken und Schleusen benötigte Holz wurde freigegeben. Man stand zu dieser Zeit vor einem Scherbenhaufen. Dem damaligen Betrachter bot sich eine weiträumige mit einzelnen verkümmerten Erlenbüschen durchsetzte Gras- und Schilfsteppe mit einem durchlöcherten und verlichteten Waldrest. Die „Schmettau-sche Karte" aus dieser Zeit verdeutlicht dies.

Die Wiederaufforstung des gesamten, ehemals mit Wald bestockten Gebietes, wurde als nicht durchführbar angesehen. Die Nutzung als Weide- und Wiesenland schien finanziell lukrativer.

Erste Versuche einer planmäßig betriebenen, nachhaltigen Waldwirtschaft reichen bis in das Jahr 1746 zurück. Aus dem Zeitraum von 1820 bis 1860 sind intensive Versuche zur Wiederbewaldung mit Roterle bekannt. 1862 ist erstmals eine Betriebsregelung, also eine planmäßige Festlegung der forstwirtschaftlichen Tätigkeiten in der Lewitz erstellt worden, damals noch für den Niederwaldbetrieb mit seiner Stockausschlagwirtschaft, später für Hochwald – also für aus Pflanzung hervorgegangene Bestände.

Die Lewitz war schon immer Jagdrevier der Herzöge und Großherzöge zu Schwerin. Um 1900 wurde die Waldlewitz auf etwa 4.000 ha eingegattert (Abb. 59). Unter erheblicher Zufütterung wurden hier zeitweise 500-700 Stück Rotwild gehalten. Der damit verbundene starke Wildverbiss ließ keinen Baum hochkommen, der nicht geschützt wurde, und so sind solche für das Wild wohlschmeckende Baumarten wie Esche, Ahorn, Ulme und Weide heute noch innerhalb des ehemaligen Gatterzaunes nur in wenigen Exemplaren zu finden.

Die Lewitz war bis 1919 Eigentum des Großherzogs zu Mecklenburg-Schwerin, danach bis 1945 in Bewirtschaftung der Lewitzwiesen- und der Forstverwaltung.

In einer Zeit, in der ein kleines Land ohne nennenswerte Rohstoffreserven wie die DDR unter Beweis stellen wollte, dass es möglich war, unter sozialistischen Bedingungen zu Wohlstand zu kommen, musste eine Intensivierung der gesamten Wirtschaft angestrebt werden. Auch die Land- und Forstwirtschaft war hiervon nicht ausgenommen. Mit der sogenannten Höchstertragskonzeption gipfelte der Ruf nach Waldbeständen, die der Volkswirtschaft in relativ kurzer Zeit viel Holz liefern sollten. Auf dafür geeigneten Standorten wurden Weiden und Pappeln sowie zuwachskräftige Baumarten wie Fichte, Sitkafichte und Japanlärche vermehrt angebaut. Es wurde aber auch immer von den hier wirkenden Forstleuten versucht, die Buche als natürliche Baumart der etwas höher gelegenen Standorte zu erhalten oder über geeignete Maßnahmen, z.B. durch Pflanzung unter Lärchen, wieder anzusiedeln. Den Anbau der Erle vergaß man bei allen waldbaulichen und volkswirtschaftlichen Schwierigkeiten aber nie. Sie passte mit ihrer Fähigkeit, auf geeigneten Standorten hohe Holzerträge zu erreichen, sehr gut in das Bild einer leistungsfähigen Forstwirtschaft.

Die Zeit nach der „Wende" brachte auch für die Forstwirtschaft grundlegende Veränderungen. Der Ruf nach viel Holz in unseren Breiten hat nachgelassen – die inländische holzverarbeitende Industrie liegt am Boden. Gefragt sind möglichst dicke Bäume hoher Qualität zu niedrigen Preisen. Dünne Massensortimente (das Industrieholz) können nur mit Defiziten verkauft werden.

Der Sturm 1992/93 hatte verheerende Folgen für die Lewitz und die umliegenden Waldgebiete. Insgesamt fielen dem Sturm etwa 48.000 fm Holz zum Opfer. Dies betraf zum übergroßen Teil Fichten- und Kiefernbestände, aber auch Eichen und Buchen wurden vom Sturm geworfen. Die gewaltigen Holzmengen, die in dieser Zeit zwangsläufig anfielen, bewirkten auf dem Holzmarkt einen erheblichen Preisverfall. Gutes und starkes Holz könnte, wenn auch zu geringen Preisen, abgesetzt werden, schwaches und schlechtes Holz blieb zum großen Teil im Wald. Dieses zurückgebliebene Holz war ein idealer Nährboden für holzzerstörende Insekten; die Folge war eine Insektenmassenvermehrung in den Jahren 1994/95, vor allem in den Fichtenbeständen, aber auch Kiefer und Lärche waren nicht unerheblich betroffen.

Den geschilderten Ereignissen trägt das heutige Erscheinungsbild der Waldlewitz Rechnung:

Jetzt sind Roterlen, Weißerlen, Pappeln und Birken die das Waldbild prägenden Laubbaumarten. Edellaubbaumarten wie Esche, Ahorn und Ulme haben durch die relativ geringe

Abb. 58
Holzflößerei auf der Müritz-Elde-Wasserstraße, rechts der Neuhöfer Teich (1930er Jahre)

Abb. 59
Rotwildgatter beim Forsthof Bahlenhüschen (um 1915)

Abb. 60
Die Wulfshorster Räumde in der Nähe von Friedrichsmoor (1998)

Abb. 61   Die „Wundereiche" am Dorfrand von Friedrichsmoor (Foto um 1915) mit einem
Umfang von 8,40 m und einer Höhe von 20 m - brach 1918 zusammen

Nährkraft des Bodens nur kleine Anteile. Die Fichte nimmt von den Nadelbäumen den größten Flächenanteil ein. Hier sind in Folge von Sturm und Käferfraß nur noch wenige alte Bestände vorhanden; der Anteil der jungen Bäume überwiegt.

Im Jahr 2000 erfolgte landesweit, so auch in der Waldlewitz, eine umfassende Waldinventur. Es wurden alle Waldbestände auf ihren Zustand überprüft und notwendige Waldbaumaßnahmen für die nächsten 10 Jahre festgelegt. Im Ergebnis dieser Inventur legte man fest, dass allein in der Waldlewitz etwa 45 ha jährlich aufgeforstet werden sollen, wobei zu 95 % Laubbaumarten wie Stieleiche, Buche, Esche, Ahorn, Ulme und Roterle gepflanzt werden.

Der Anteil der Nadelbaumarten wird sich in den nächsten Jahren wesentlich verringern. In der folgenden Tabelle sind die einzelnen Flächenanteile der Baumartengruppen in der Waldlewitz dargestellt:

Holzbodenfläche insgesamt: 3.254 ha

Baumartengruppen	Flächenanteil in %
Roterle	25,0
Sonstiges Weichlaubholz	14,2
Kiefer	12,9
Fichte	11,6
Eiche	11,6
Birke	9,6
Buche	9,4
Lärche	3,1
Sonstiges Hartlaubholz	2,6
Sonstiges Nadelholz	0,5

Für das Gedeihen des Waldes in der Lewitz ist das Wasser von entscheidender Bedeutung. Erste Eingriffe in den Wasserhaushalt sind durch die Anlage von Flößgräben für den Holztransport getätigt worden. Holz war nur wertvoll, wenn es sich in der Nähe von Wasserläufen für den Transport befand.

So wurden ab 1700 die ersten Holzflößgräben angelegt. Dies betraf auch den heutigen Störkanal, der um 1711 nichts anderes als ein Flößgraben war. Erst als 1832 - 1835 der Störkanal als Hochkanal über das Niveau der Lewitz ausgebaut wurde, störte er entscheidend durch seine Lage (von Nordwest nach Südost verlaufend) die natürliche Abflussrichtung des Lewitzbeckens. Bereits zu dieser Zeit wurde von Forstleuten eingeschätzt, dass hierdurch dieses einmalige Waldgebiet in seiner Natürlichkeit stark beeinträchtigt wird. In Zeiten hohen Wasserstandes staute sich das Wasser im Nordteil und brachte ganze Waldbestände zum Absterben. Drei sogenannte Düker, die das von Norden ankommende Wasser unter dem Kanal hindurch ableiten sollten, waren hoffnungslos überlastet.

Die umfangreichen Meliorationsmaßnahmen in der Lewitz (ab 1958) zur Steigerung der Erträge in der Landwirtschaft haben die Probleme im Wald wenig berücksichtigt. So wurden

auf der einen Seite Waldflächen ungewollt entwässert, anderseits überschwemmten überlastete Vorfluter Waldflächen und brachten diese zum Absterben. Als allgemeine Tendenz war aber die allmähliche Absenkung des Wasserstandes im Wald zu registrieren, damit bestand auch die Gefahr der Mineralisierung für die Waldböden und damit der Vernichtung der organischen Schichten sowie der Verlust eines Großteils der Nährkraft der Böden.

Zurzeit werden durch die forstliche Standortserkundung alle Waldböden in der Lewitz auf ihren Zustand und ihre Nährkraft untersucht. Dabei stellte man fest, dass sich ein großer Teil der Böden durch die Grundwasserabsenkungen tatsächlich verschlechtert hat. Um diesen negativen Prozess aufzuhalten, wird ab dem Jahr 2003 auf etwa 740 ha ein großflächiges Projekt zur Grundwasseranhebung im Wald gestartet. Über einen Zeitraum von mindestens 10 Jahren sollen mit Hilfe von geeigneten Wasserbaumaßnahmen die naturnahen Wasserverhältnisse wiederhergestellt werden. Damit keine Waldflächen absterben, wird dabei sehr behutsam vorgegangen. Dieses Projekt ist in Mecklenburg-Vorpommern einzigartig und kann beispielgebend für andere Waldgebiete sein.

Die gesamte Waldlewitz ist geprägt und abhängig vom Wasserregime. Es wäre Illusion zu glauben, man könne den Wasserstand auf das Niveau von vor 200 Jahren anheben. Heute muss es darauf ankommen, dafür zu sorgen, dass keine weitere Wasserabsenkung im Wald stattfindet und wo möglich, den Wasserstand waldverträglich anzuheben. Auch dafür setzt sich das Forstamt derzeit intensiv ein.

Zielstellung für die Entwicklung der Waldlewitz

Für die weitere Behandlung der Waldlewitz ergeben sich aus forstlicher Sicht folgende Schwerpunkte:

- Die Veränderung der Wasserverhältnisse und damit der Trophie der Böden müssen bei der Baumartenwahl Berücksichtigung finden.
- In ausgewiesenen Totalreservaten und Horstschutzzonen erfolgt keinerlei forstliches Handeln.

  Die vorhandenen Buchenwälder werden erhalten und ihre natürliche Verjüngung wird gefördert.
- Fichten-, Douglasien-, Lärchen-, Weißerlen- und Pappelbestände werden in naturnahe Laubholzbestockungen mit Hilfe geeigneter waldbaulicher Maßnahmen (Unter-, Vor-, Nachanbau oder Vorwaldbestockung) überführt.
- Eichenbestände werden mit Hain- und Rotbuche unterbaut.
- Die Verjüngung der überalterten Schwarzerlenbestände erfolgt durch Schmalkahlschläge bis zu höchstens zwei Hektar Größe, diese werden noch im selben Jahr aufgeforstet. Eine Naturverjüngung der Schwarzerle ist bei der üppigen Bodenflora der Standorte, auf denen die Erle stockt, nicht möglich, da die Sämlinge nach dem Auflaufen sehr schnell ausgedunkelt werden. Junge Erlenpflanzen vertragen keinen Schirm.
- Auf Blößen angekommene Verjüngung der Birke wird als Füll- und Treibholz belassen.
- Wo möglich, werden auf nährstoffreicheren Standorten auch Esche, Ahorn und Rüster eingebracht.
- Vorhandenes Totholz wird weitgehend im Wald belassen.

Zur Jagd

In diesem Beitrag wird nur ein kurzer Blick auf die Jagd in der Lewitz geworfen, der keinen Anspruch auf Vollständigkeit erhebt. Der Autor ist aber für alle Hinweise bezüglich der Jagd- und auch Forstgeschichte dankbar.

Die relativ unzugänglichen, großen, zusammenhängenden Waldflächen der Lewitz mit ihrer üppigen Vegetation sind von jeher wildreich gewesen. Überreste von Elchen, Wisent, Bär, Ur und Wolf (V. MALTZAHN 1914) belegen, dass die Lewitz einst auch Lebensraum dieser längst ausgestorbenen Wildarten war. Die Lewitz war schon immer ein Jagdrevier des jagenden Hochadels. Alte Forstbezeichnungen wie „Hirschtanz, Katthorst, Barenhorst, Barenhall und Wulfshorst" künden von einer bewegten, den Wildreichtum betreffenden Vergangenheit. Kurfürst Leopold ritt einst zur Luchsjagd in die Lewitz.

Schon 1556 ist überliefert, dass sich in der Lewitz ein von Joachim von Gittelde angelegter Saugarten befand.

Der letzte Wolf wurde 1827 bei Sukow erlegt, hatte aber zuvor auf den umliegenden Bauernhöfen viel Schaden angerichtet (KAISER 1956). Derselbe Autor schildert auch die Not der Bauern bei der Verhütung von Wildschäden. Große Hirschrudel verursachten in der Feldmark Verwüstungen, die die Wildwächter nicht verhindern konnten. Die Bauern hatten in dieser Zeit kein Jagdrecht, durften keine Waffen führen und ihre Hunde mussten große Knüppel um den Hals gebunden tragen, damit sie das Wild nicht hetzen konnten. Erst in den Jahren 1898 - 1901 wurde ein etwa 4.000 ha großes Gebiet mit einem zwei Meter hohen Zaun umgeben (Abb. 59). Dieses Gatter hatte zwei Funktionen: Zum einen verhinderte es übermäßigen Wildschaden auf den umliegenden Äckern, ein anderer Grund war natürlich die Erleichterung der Hege und die Bejagung des Rotwildes. Da das Rotwild im Jahresverlauf nun nicht mehr ungehindert entsprechend des Nahrungsangebotes in der Natur ziehen konnte, musste zugefüttert werden. Das Gatterrevier „Lewitz" wurde bis in den 2. Weltkrieg hinein funktionsfähig gehalten. Zeitweise waren ca. 600-800 Stück Rotwild im Gatter. Nach dem Krieg ist der Zaun nach und nach von der Bevölkerung für den eigenen Bedarf abgebaut worden. Als wenige Reste findet man z.B. am „Breiten Graben" das Stück eines ehemaligen Gattertores oder die sogenannten Einsprünge, von denen einer in der Nähe der Revierförsterei Bahlenhüschen noch sehr gut erhalten ist.

Auf Geheiß Friedrich Wilhelms (1675 - 1713), Herzog zu Mecklenburg-Schwerin, wurde 1705 in Friedrichsmoor nach schwedischer Bauart ein erstes Jagdhaus im Blockhausstil errichtet, welches 1791 - 1794 zum Jagdschloss umgebaut wurde. Die Unterhaltung des Gebäudes unterlag den ortsansässigen Forstbeamten. Die Großherzöge und ihre Gäste (u.a. weidwerkte hier Kaiser Wilhelm I. des öfteren) weilten nur jeweils kurze Zeit zur Jagdsaison im Herbst im Jagdschloss.

In der Zeit nach dem 2. Weltkrieg wurde die Jagd im wesentlichen vom Eigentum an Grund und Boden abgekoppelt ausgeübt. In der DDR waren die Jagdgrenzen entsprechend der Lebensräume des Wildes festgelegt. Die Jagd in der Jagdgesellschaft erfolgte nach strengen Richtlinien; Waffen und Munition wurden durch staatlich bestätigte Jagdleiter ausgegeben. Nur wenige Jäger besaßen Privatwaffen. Jeder Schuss musste nachgewiesen werden. Die Lewitz war kein sogenanntes Staatsjagdgebiet, sondern hier wurde auf einer Fläche von ca. 14.000 ha mit über einhundert Jägern geweidwerkt.

Die Zeit nach der „Wende" brachte wieder eine Umstellung des Jagdsystems mit sich. Die Jagd wurde an das Grundeigentum gekoppelt und das Reviersystem wieder belebt. Große zusammenhängende Flächen (Landeseigentum) werden als Verwaltungsjagd durch das Forstamt Friedrichsmoor bejagt. Die anderen Gebiete werden in den Grenzen der jeweiligen

111

Gemeinden von Jagdgenossenschaften verwaltet, in denen jeder Landeigentümer Mitglied ist, wenn er weniger als 75 ha zusammenhängende Fläche besitzt. Diese Jagdgenossenschaften verpachten das von ihnen verwaltete Land an Jäger für die Dauer von in der Regel 8-10 Jahren. Da sich Gemeinde- und Eigentumsgrenzen nicht an die Lebensräume des Wildes halten, haben sich Pächter und Vertreter des Forstamtes zu einer Hegegemeinschaft zusammengeschlossen, in der auf freiwilliger Basis die Bejagung des Wildes abgesprochen wird.

Mit der Erschließung der Lewitz durch ein weit verzweigtes Graben- und Wegesystem, mit einem erhöhten Verkehrsaufkommen, die weitgehende Trockenlegung einstmals unzugänglicher Gebiete und durch die stärkere Bejagung des Wildes muss der einstige Wildreichtum in ihr wohl zur Geschichte gerechnet werden. Wildreichtum hat aber auch Nachteile. Übermäßige Wildschäden in Forstkulturen und auf den Äckern sind Folgen zu hoher Wilddichten. Der Jäger hat die Aufgabe, für das Gebiet tragbare, gesunde Wildbestände zu hegen. Dem in der Lewitz wandernden und radelnden Naturfreund wird sich jedoch auch heute noch so manches Wildtier in dieser reizvollen Landschaft zeigen, wenn er sich entsprechend verhält.

Die Lewitz soll in ihrem Landschaftsbild erhalten bleiben. Sie ist eine Kulturlandschaft, und das Wild ist Teil in ihr. Der Mensch hat durch sein Handeln diese Landschaft gestaltet. Er will und muss sie erhalten. Dazu gehört auch, dass man das Wild nicht in seinen Einständen aufsucht und es damit immer weiter in seinem Lebensraum einengt.

Literatur

Eine Liste der verwendeten Literatur liegt im Forstamt vor und kann bei Bedarf eingesehen werden.

6. Melioration und Wasserbau

Hans Christian Thies

Der Umbau der ehemals natürlichen Fließgewässer, die Entstehung eines umfangreichen Gewässernetzes mit seinen zahlreichen technischen Bauwerken sowie der sich bis heute verändernde Landschaftswasserhaushalt ist in direkter Abhängigkeit vom Wirken des Menschen in der Lewitz zu sehen, der einen nacheiszeitlich entstandenen Sumpfwald in eine Kulturlandschaft überführte. Die Lewitz ist durch eine großflächige Wiesen- und Weidelandschaft, die Waldlewitz und von den komplexen Wasserflächen der Fischteiche geprägt. Sie ist durchzogen von einem beeindruckenden Kanal- und Grabennetz, häufig von linearen Gehölzstrukturen gesäumt. Ein umfangreiches Wege- und Straßennetz verbindet überwiegend am Lewitzrand gelegene idyllische Dörfer mit gut erhaltenen historischen Dorfstrukturen.

Historische Überlieferungen sowie aktuelle Betrachtungen zeigen, dass die wasserbaulichen Aktivitäten den jeweiligen gesellschaftlichen Erfordernissen und Möglichkeiten der einzelnen Entwicklungsetappen entsprachen und auch künftig entsprechen werden.

Der Rückgang der Wälder im 15./16. Jh. führte zu einer noch stärkeren Versumpfung der Lewitzniederung. Lange bevor man an die Entwässerung des Lewitzsumpfes dachte, übernahm man es, Elde und Stör schiffbar zu machen (HAVEMANN, 1960), um besonders den blühenden Salzhandel der Stadt Lüneburg mit den Ostseeländern voranzutreiben.

1576 fuhr das erste Handelsschiff von Dömitz über die Elde und die Stör in den Schweriner See, allerdings verfielen die primitiven Schleusenanlagen im Laufe des Dreißigjährigen Krieges wieder. 1831/36, nach Gründung einer Aktiengesellschaft, wurde die Schiffbarkeit von Elde und Stör durch den Bau von Kammerschleusen und Kanalausbau wieder ermöglicht.

Bei Banzkow beginnt der eigentliche Störkanal, der schnurgerade in die Waldlewitz hineinführt. Eine Schleuse reguliert hier den Wasserstand zwischen Kanal, Flussstrecke und Schweriner See. 1831 bis 1836 wurde der Kanal zur heutigen Form ausgebaut, nachdem bereits 1708 bis 1711 der erste Kanal angelegt worden war. Nach dem zweiten Weltkrieg hat er stellenweise eine Verbreiterung erfahren. Die 1897 erbaute Zweifelder-Drehbrücke vor der Banzkower Schleuse wurde 2002 durch eine moderne Zugbrücke ersetzt. Es entwickelte sich ein reger Binnenschiffsverkehr, obwohl der Kanal nur von Schiffen und Schleppern mit einem Tiefgang von bis zu 1,5 m befahren werden konnte.

Die Alte Elde verlor als Schifffahrtsweg erst um 1836 an Bedeutung, als sie durch den damals gebauten Friedrich-Franz-Kanal ersetzt wurde, der den Störkanal mit dem Unterlauf der Elde bei Neustadt verbindet und weiter über die Elde zur Elbe und ostwärts zur Müritz und Havel führte. Die Rolle dieser Wasserstraße hat sich bis heute immer wieder gewandelt. Mit steigender Bedeutung für die Handelsschifffahrt wurden nach 1884 neue Regulierungspläne vorgelegt, die insbesondere zum Bau der Mittelschleuse führten. In den 50er Jahren des 20. Jahrhunderts erlag die Handelsschifffahrt fast gänzlich. Heute dienen die Wasserstraßen einem stetig ansteigenden Sportbootsverkehr.

Nach Regulierung der Stör und Elde wurden im 18. und 19. Jahrhundert weitere Gewässernetze notwendig: Klinker Kanal, Ludwigsluster Kanal, Drellen Graben, Breiter Graben, Hütter Graben, Banzkower Kanal, Brenzer Kanal, Wöbbeliner Kanal.

Östlich der Wiesenlewitz befindet sich der Drellengraben, einer der ältesten, künstlich angelegten Wasserläufe der Lewitz, der seine Bedeutung im Zusammenhang mit der Anlage des Ludwigsluster Kanals erlangte. Durch einen 20 km langen Graben wurde das Wasser aus der Sumpfniederung der Lewitz in den Ludwigsluster Schlosspark geleitet.

Mit der Erweiterung eines Entwässerungs-Grabennetzes ging ein stetiger Anstieg der Grünlandanteile einher. In vornehmlich kleinbäuerlichen Wirtschaften gewann man auf seggenröhrichtreichen Wiesen Futter (überwiegend Heu) für die Nutztierhaltung. Die Bauern mussten dabei häufig primitive Methoden, wie z.B. das Heraustragen des geworbenen Heues, hinnehmen (Abb. 62). Nach 1945 setzte durch den gesellschaftlichen Wandel in der entstehenden DDR ein Umbruch in der Landwirtschaft ein. Die Bodenreform selbst hatte auf die Landwirtschaft kaum Wirkung, jedoch die Ertragssteigerung war gerade in dieser armen Nachkriegszeit von enormer Wichtigkeit. Aufgrund der ungenügenden technischen und materiellen Möglichkeiten konnte eine Verbesserung der Grünlandflächen in der 1949 neu gegründeten DDR erst einmal nicht erreicht werden.

Nach der Gründung der LPG (Landwirtschaftliche Produktionsgenossenschaften) fiel am 12. Oktober 1958 der Startschuss zur Umgestaltung der Lewitz im Rahmen eines Jugendobjektes des (ehemaligen) Bezirkes Schwerin. 1962 wurden vorhandene und neue Grabensysteme zur Entwässerung, neue Wirtschaftswege und Weideanlagen gebaut. Auf einzelne Flächen wurden Dränagen verlegt sowie Brücken und Staue instandgesetzt. 4.000 Jugendliche schufen unter größten Anstrengungen mit den damals zur Verfügung stehenden Produktionsmitteln (Schaufel und Dränspaten) ein funktionierendes Entwässerungssystem, das die Voraussetzung für industrielle Produktionsmethoden ergab (Abb. 63). In dieser Zeit wurde ganz wesentlich der Begriff Melioration = „Bodenverbesserung" neu geprägt.

Im Bereich der Niederungsflächen konnten die Grünlanderträge um mehr als das Doppelte gesteigert werden. Der Einsatz von leichter Bewirtschaftungstechnik wurde ermöglicht. In den Lewitzrandgebieten wurde z.T. die produktionssteigernde und -sichernde Acker-Grünland-Wechselnutzung eingeführt. Tierproduktionsanlagen entstanden in den LPGen und im VEG (Volkseigenes Gut). In dieser Zeit liegt auch die Gründung der Meliorationsgenossenschaft „Lewitz", die im Auftrage aller Landwirtschaftsbetriebe die Unterhaltung und Bedienung der Meliorationsanlagen übernahm. In den 1970er Jahren wurde von staatlicher Seite das Ziel gesetzt, die Lewitz zum Hauptproduktionszentrum des Bezirkes Schwerin zu entwickeln. Der Einsatz einer leistungsfähigen Technik musste vorbereitet werden. Das Institut für Futterproduktion Paulinenaue erprobte Möglichkeiten der weiteren Ertragssteigerung durch periodische Grünlandneuansaaten im sogenannten Saatgrasland.

Unter dieser Zielstellung wurde ab 1970 die Komplexmelioration „Lewitz" vorbereitet und umgesetzt. Meliorationsfachleute des damaligen VEB-Meliorationsbau Schwerin projektierten unter wissenschaftlicher Begleitung durch das Forschungszentrum für Bodenfruchtbarkeit Müncheberg leistungsfähige Meliorationsanlagen. Bodenkennwerte aus einer über Jahre realisierten meliorationskundlichen Standorterkundung flossen in die Bemessung der Meliorationsanlagen ein.

Hauptzielsetzung der Meliorationsanlagen war es, erstmalig – noch ohne großflächige Erfahrungen – Bedingungen für eine zweiseitige/ wechselseitige Bodenwasserregulierung zu schaffen, d.h. Ent- und Bewässerungsmöglichkeiten mit demselben Rohrsystem.

Dies erfolgt nunmehr über großvolumige Plastdränrohre. Dabei wurden größere Bewirtschaftungseinheiten geschaffen, zahlreiche Gehölzstrukturen mussten dafür zwangsläufig beseitigt werden.

Abb. 62
Heuernte früher

Abb. 63
Jugendobjekt „Lewitz", Große Komplexmelioration 1958-1962

Abb. 64
Typische Lewitzwiese (Frühjahr) bis zu den großen Meliorationsmaßnahmen ab 1958

Abb. 65
Nur während der kurzen Zeit der Blüte ein reizvoller Anblick: ein Rapsfeld
Nach der zweiten Komplexmelioration von 1976-1980 und teilweise auch rechtswidrigen Grün-
landumbrüchen nach 1990 entstand auf ehemaligen lewitztypischen Wiesenflächen eine Agrar-
steppe mit negativen Auswirkungen auf das Vogel- und Landschaftsschutzgebiet.

116

Nach der Komplexmelioration stellten sich die umfangreichen Meliorationsanlagen wie folgt dar:

- 230 km neu gebaute bzw. rekonstruierte Vorfluter
- 24 Schöpfwerke, 30 Wehre, 520 Staue und Wasserentnahmen sowie drei Pumpstationen
- 7.850 ha Grundwasserregulierung
- 2.950 ha Beregnungsanlagen
- 93,5 km Wirtschaftsstraßen
- 67 km Windschutzpflanzungen

Die gesamte Lewitzniederung wurde großflächig in abgegrenzte Polder eingeteilt, die ein dichtes Grabennetz mit einer Vielzahl von Stauen, kombiniert oftmals mit großvolumigen Dränungen, aufweisen. Die Polder entwässern über eigene Schöpfwerke in den nächsten Kanal oder in die Alte Elde. Zugleich besteht die Möglichkeit der Bewässerung der Polder aus den offiziellen Wasserstraßen. Die großen Fischteiche der Lewitz sind in dieses wasserwirtschaftliche System fest eingebunden worden.

Der Meliorationsfachmann kann heute sagen, dass man das Wasser in der Lewitz im Griff hat. Auch nach 1990 haben Meliorationsanlagen nicht an Bedeutung verloren. Die wasserwirtschaftlichen Anlagen, Grabensysteme, Kanäle und Wasserstraßen sind heute aus dem Bild der Lewitz nicht mehr wegzudenken. Sie dienen heute und in Zukunft dem Erhalt der Kulturlandschaft und haben dabei weitere Aufgaben zu erfüllen.

Bereits zu Beginn der 1930er Jahre erkannten Standortgutachter im Zusammenwirken mit Naturwissenschaftlern, wie Prof. Dr. M. Succow, dass auch Moore in der Lewitz durch intensive Landnutzung, sprich Entwässerung und Grünlandumbruch (Abb. 65) ständigen Bodenbildungsprozessen unterworfen werden, die in der weiteren Entwicklung zunehmen und auch zum Rückgang der Grünlanderträge beitragen. Torfschrumpfung und -mineralisierung führten zur Veränderung der physikalischen Eigenschaften der Moore, die eine immer stärker eingeschränkte Bodenwasserregulierung ergeben.

Heute sind die verbliebenen Moore der Lewitz in das Moorschutzprogramm des Landes Mecklenburg-Vorpommern aufgenommen worden. Als Entwicklungsziele für die intensiv genutzten Moore stehen die Wiedervernässung und die generell extensivere Nutzung der Moore.

Aus Sicht der Meliorationsfachleute sind die Meliorationsanlagen in der Lewitz aufgrund ihrer gleichzeitigen Nutzbarkeit für die Bewässerung der Moore sehr gut für die Umsetzung landschaftsökologischer Zielstellungen geeignet. Die Experten des heute zuständigen Wasser- und Bodenverbandes „Untere Elde" haben eine verantwortungsvolle Aufgabe zu erfüllen. Sie unterhalten und pflegen den kostbaren Anlagebestand.

Literatur

HAVEMANN, F. (1960): Die Wasserläufe in der Lewitz in geschichtlicher Schau. - Natur-schutzarbeit, hrsg. Inst.f.Landesforschung und Naturschutz Greifswald, Heft 5: 12-17.

7. Landwirtschaft

Kurzer Abriss der Entwicklung bis etwa 1945

Wilhelm Simon

Die anschließende Intensivierung

Franz Köhn und Martin Piehl

Die Lewitz mit ihrem Grünland, den Wasserläufen und Wäldern war für den geschichtlichen Verlauf der Besiedlung und die Art und Weise der Bewirtschaftung von großer Bedeutung. Bis Mitte des vergangenen Jahrtausends dienten die großen, dominierenden Waldgebiete der Lewitz den umliegenden Bauern vornehmlich als Schweineweide mit Eichel- und Bucheckernmast. Die Nutzung als Grasland ist erst etwa 450 Jahre alt; ackerbaulich wurden zunehmend die höher gelegenen Randflächen bewirtschaftet.

Die Voraussetzungen dafür waren:
- Schaffung von Freiflächen durch Holzrodung, hoher Holzbedarf durch Industrieanlagen im Lewitzgebiet (Raseneisenerz- und Glasverhüttung, Blechhämmer, Alaunsiederei, Papierfabrik u.a.) sowie Holzverbrauch „am Hofe" und Holzexport nach und über Hamburg.
- Vertiefung von Elde und Stör (16. Jahrhundert) für den Holztransport, womit die Entwässerung eingeleitet wurde
- umfangreiche Kanalisierung und damit großflächige Entwässerung, besonders im 18. und 19. Jahrhundert.

Neben der um Mitte des 18. Jahrhunderts abgelösten „wilden Waldrodung" entstanden große Wiesenflächen, die durch den Herzog an die Lewitzbauern als Heuflächen verpachtet wurden. Erst vor etwa 150 Jahren begann mit der Erbpacht von ca. 4.000 ha Lewitzwiesen durch die Dominalbauern in den Ämtern Neustadt-Glewe, Crivitz und Schwerin die unmittelbare, zunehmend intensivere Lewitzbewirtschaftung.

In den etwa 30 Lewitzranddörfern hat sich seit Jahrhunderten die Nutzviehhaltung zum Haupterwerbszweig herausgebildet. In der Folge sind wegen des erheblich höheren Arbeitskräftebedarfes als in Ackerbaubetrieben größere Dörfer entstanden als im übrigen Mecklenburg. Damals kam die Redewendung auf: „Die Wiese ist die Mutter des Ackerlandes", weil der hohe Stalldunganfall aus der Viehwirtschaft den hier zumeist sandigen Ackerböden als Nährstofflieferant nützlich wurde. Durch gleichzeitige Verbesserung der Lewitz-Wiesenbewirtschaftung (Wasserführung, Einsatz von Kainit und Thomasphosphat sowie „Heublumen-

nachsaaten") und durch die Mergelung der Sandböden (Kalk- und Magnesiumzufuhr und Aktivierung der Bodennährstoffe) konnten die Lewitzbauern beachtliche Erträge auf dem Acker erzielen.

Bis Mitte des vorigen Jahrhunderts gab es in den Lewitzdörfern noch Gemeinschaftsweiden, auf denen eigens angestellte Schaf-, Schweine- und Kuhhirten das Vieh aller Dorfbewohner gemeinsam hüteten. Erst nach Einführung der Erbpacht begannen die Lewitzbauern möglichst ortsnahe, eigene Rinderweiden einzurichten. Zugleich wurde die vormalige Dreifelderwirtschaft in der gesamten Dorfgemarkung nunmehr durch betriebseigene Fruchtfolgen abgelöst, in starker Anlehnung an die schleswig-holsteinische Koppelwirtschaft, mit höherem Kleegras- oder Schafschwingelanteil und mit durch Hecken, Knicks genannt, eingefassten Koppeln (SIMON 1960).

Die größeren Lewitz-Randdörfer waren vom Ursprung her typische Bauerndörfer. Noch 1945 lebten beispielsweise in Plate 96 Häusler-, 48 Büdner- und 12 Bauernfamilien, die insgesamt 975 ha Nutzfläche bewirtschafteten. Noch größer war das Dorf Spornitz mit 100 Häusler-, 22 Büdner- und 39 Bauernfamilien (ca. 40 ha Hufen).

Die Zentrallewitz wurde als Wiese zur Heugewinnung genutzt, oft unter schwierigsten Bedingungen. Das Heu musste oft bis zu 15 km auf die Höfe transportiert werden. So blieb die Bewirtschaftung bis etwa 1955 (Abb. 68). Als Belastung kam früher oft ein Pachtzins von 50% des Heuwertes hinzu bzw. es musste die Hälfte des geworbenen Heus als Naturalpacht an den großherzoglichen Marstall geliefert werden. Aber alle Häusler und Büdner hatten in der Lewitz auch einige Ruten gemeindeeigene Kompetenzwiesen zur ständigen Nutzung.

Mit der Bodenreform 1946 wurden ehemalige Pachtflächen an Häusler und Büdner als Eigentumsflächen übergeben. Trotzdem blieben sie Nebenerwerbsbetriebe mit Kleinstflächen und geringer, relativ extensiver Produktion. Wegen der direkt nach dem 2. Weltkrieg erforderlichen Selbstversorgung wurden staatlicherseits für Kleinbauern erhebliche Förderungsmaßnahmen vergeben, aber die geringen Erträge auf den Feldern (wenig Technik und Düngung) und der zu geringe Viehbestand vermochten die ausreichende Versorgung der stark angewachsenen Bevölkerung aus den Ostgebieten nicht zu gewährleisten.

Die Tätigkeit des Menschen blieb auf die Bodenentwicklung und damit auf die Grünlandvegetation bis etwa Mitte des 19. Jahrhunderts ohne gravierende Auswirkungen. Dann setzte mit der Intensivierung, besonders mit der Wasserregulierung, ein Prozess ein, dessen Verlauf in Tabelle 1 dargestellt ist.

Tabelle 1: Standortwandel in der Lewitz

Zeitspanne	vor 1800	1850-1955	1975-1985	>1991
Aktivitäten	unbedeutend	Kanalbau, Binnenentwässerung	komplexe Melioration, Neuansaaten	z.T. extensiv Neuansaaten
Vegetation	Ried, Röhricht, Erlenbruch	Ried, Pfeifengras und Kohldisteln	Saatgrasland, auch Quecken und Brennnessel	Saatgrasland, plus Quecken und Brennnessel
Ertragsfähigkeit dt TM/ha	15-30	40-70	60-100	30-80

Mit der Gründung von Genossenschaften (LPG) und dem Volkseigenen Gut (VEG) in der Lewitz 1955/60 war auch eine Neuordnung der Bewirtschaftung möglich. Flächenaustausche, verbunden mit einer Flurbereinigung, führten zu größeren Nutzungseinheiten. Bis 1970 schlossen sich viele Genossenschaften zusammen. Es vollzog sich ein Prozess der Konzentration, Spezialisierung und Arbeitsteilung. Günstige Bedingungen für diese Entwicklung waren die staatlicherseits gestützten Meliorationen zur Ent- und Bewässerung in großflächigen Produktionseinheiten, die eine industriemäßige Produktion mit hohen und sicheren Erträgen ermöglichten.

Mitte der 1970er Jahre bewirtschafteten drei LPGen und ein VEG der Pflanzenproduktion ca. 31.000 ha landwirtschaftliche Nutzfläche der Lewitz, die Ackerflächen dieser Orte mit eingeschlossen. Diese Betriebe wurden auf Vertragsbasis durch zwischenbetriebliche Einrichtungen (ZBE), wie dem Agrochemischen Zentrum (ACZ) und der ZBE Melioration, unterstützt. Alle Betriebe gemeinsam, die drei LPG Pflanzenproduktion Spornitz, Plate und Sülstorf sowie das VEG Lewitz sicherten die Futterversorgung der Tierbestände (Tabelle 2).

Tabelle 2: Tierbestände in der Lewitz, Stück je 100 ha Landwirtschaftliche Nutzfläche

Jahr	Rinder	davon Kühe	Schweine
1947	41,3	29,8	26
1956	47,0	30,0	-
1979	119,5	25,4	113,5
1988	199,7	19,9	117,7

1986/88 betrug das Ertragsniveau bei Getreide 35,7 dt/ha, bei Kartoffeln 295 dt/ha, bei Mais 426 dt/ha und bei Gras 414 dt/ha Grünmasse.

Außerdem erzeugten die vier Betriebe ca. 6.000 t Treib- und Feldgemüse und 30.000 t Speisekartoffeln, davon 8.000 t vorgefertigte Produkte für Handel, Großküchen und die Nahrungsgüterindustrie.

Den Betrieben standen für die 1. Verarbeitungsstufe landwirtschaftlicher Produkte Maschinen und Anlagen zur Verfügung, z.B. drei Kartoffellager- und Aufbereitungsanlagen mit einer Kapazität von 27.000 t für geschälte und gewaschene Kartoffeln, Anlagen für vorgefertigte Grüne Bohnen, Erbsen sowie Möhren, zudem Gewächshausanlagen und eine Tabaktrocknung. Der Bau einer modernen Champignonanlage mit einer Kapazität von jährlich 160 t war 1989/90 vorgesehen.

Es war das Ziel der Landwirtschaft, große, einheitliche Partien von landwirtschaftlichen Produkten zu erzeugen und schrittweise Verarbeitungsstufen zu übernehmen. Diese Entwicklung unterstützte der Staat auch durch bevorzugte Bereitstellung von Produktionsmitteln.

Die Lewitz wurde zum Jungrinderaufzuchtzentrum für den Bezirk Schwerin mit spezialisierten Betrieben der Tierproduktion (LPG Spornitz, Brenz, Wöbbelin, Goldenstädt, Rastow, Sülstorf, Banzkow, Plate, Sukow, Mirow und die Güter „Lewitz"). Diese Betriebe produzierten jährlich ca. 19.000 trächtige Färsen der Rasse Schwarzbuntes Milchrind zur Reproduktion der Kuhbestände des Bezirkes Schwerin, außerdem ca. 60.000 Zucht- und Mastläufer, 6.500 t Schlachtvieh sowie ca. 35.440 t Milch.

1976 entschieden sich die vier Pflanzenproduktionsbetriebe und ihre ZBE zu einer kooperativen Zusammenarbeit in der Agrar-Industrie-Vereinigung (AIV) Lewitz. Dieser Einrich-

tung schlossen sich 1985/86 die LPG und VEG Tierproduktion und eine Bauorganisation an. Im Auftrag der juristisch selbständigen Betriebe übernahm die Leitung der AIV wirtschaftsleitende Funktionen und bestimmte staatliche Aufgaben.

So waren es:

- die Vorbereitung von Intensivierungsmaßnahmen unter Beachtung neuester wissenschaftlicher Erkenntnisse, dazu bestand mit 16 Instituten und Universitäten eine enge Zusammenarbeit
- die Koordinierung des Zusammenwirkens zwischen Pflanzen- und Tierproduktion und den Betrieben der Melioration, Agrochemie und des Landbaus
- die Wahrnehmung staatlicher Aufgaben, wie z.B. die Verteilung staatlicher Plankennziffern und Fondzuweisungen.

Die AIV waren zu der Zeit Versuchsmodelle zur Leitung der Landwirtschaft der DDR. In dieser Zeit erreichten die Betriebe gute Betriebsergebnisse. Zwischen den Betrieben und ihren 3.500 Mitarbeitern bestanden leistungsfördernde, solidarische Beziehungen sowohl im Produktionsprozess als auch in der Gestaltung der Freizeit. Zwei Leistungszentren im Pferdesport in Sukow und Neustadt-Glewe, Urlaubsobjekte sowie kulturelle Einrichtungen standen den Genossenschaftsbauern zur Verfügung.

Diese Entwicklung mag unter dem Aspekt der Erhaltung von Naturlandschaften im nachhinein bedauert oder kritisiert werden. Unter den internationalen politischen Bedingungen der DDR gab es für die Lewitzbauern keine Alternative zur Intensivierung der landwirtschaftlichen Produktion.

Ein Problem der intensiven Bewirtschaftung der Moorstandorte war die Erhaltung der Torfstruktur. Solche Bemühungen, wie die Nutzung angepasster Wasserstände während der Vegetation sowie der winterliche Anstau des Grundwassers auf etwa 10-15 cm unter Flur und der reduzierte Umbruch im Turnus von etwa 10 Jahren, konnten den systembedingten Moorschwund zwar etwas verlangsamen, durch die allgemeine Senkung des Grundwasserstandes aber langfristig nicht verhindern, wodurch es zur Verschlechterung der Bodenstruktur auf Moorstandorten kam. Dies hatte natürlich negative Wirkungen auf die Grasnarbe (abnehmende Leistungsfähigkeit) und Wasserführung der Moore, d.h. zunehmende Vermullung und Wasserabweisung der Torfsubstanz sowie reduzierte Tragfähigkeit der Narbe. (Tabelle 1)

Die flachgründigen Anmoorstandorte hingegen erfuhren durch die Großmelioration einen Nutzungswandel von extensiver Grünlandnutzung zu intensiver Ackernutzung (bzw. Acker-Grünland-Wechselnutzung) mit stabilen, hohen Erträgen infolge Grundwassereinfluss und humusbedingter guter Wasserführung. Zudem waren diese ehemaligen sandigen bzw. stark heterogenen und unebenen Wiesen vor der Melioration sehr leistungsschwach und kaum intensivierungsfähig.

Mit dem Jahr 1990 änderten sich die Betriebsstrukturen und die Aufgaben der Landwirte. Heute bewirtschaften etwa 100 landwirtschaftliche Betriebe das Lewitzgebiet. Das sind Wiedereinrichter mit Neben- und Haupterwerbsbetrieben, das privatisierte Gut Lewitz und die Nachfolgebetriebe der ehemaligen LPGen. Nur noch etwa 600 Beschäftigte arbeiten heute in diesen Betrieben.

In den Sommermonaten weiden bunte Rinderherden unterschiedlicher Rassen, hauptsächlich Mutterkühe mit ihrem Nachwuchs, Milchkühe und auch größere Pferdeherden wieder

auf dem Grünland (Abb. 66, 67). Jedoch sind es weniger als 50% der Rinder und weniger als 70% der Schweine, die vor 1990 in der Lewitz gehalten wurden. Eine solche Entwicklung ist das Ergebnis der derzeitigen extensiven Nutzung des Grünlandes.

Der Landwirt kann mit der Wahl seiner Bewirtschaftungsmethoden dazu beitragen, das Grünland umweltschonend zu nutzen. Diese sind den Landwirten bekannt; heute gibt es gute technologische Möglichkeiten, es bedarf der konsequenten Umsetzung. Die optimale Regulierung der Grundwasserstände wurde bereits genannt, weitere Maßnahmen sollen an dieser Stelle noch aufgeführt werden:

- entzugsorientierte, differenzierte Wiesen- und Weidedüngung und Bestandspflege bringt weniger Nährstoffeintrag (Stickstoff, Phosphor) ins Grundwasser
- Nachsaat (Direktsaat) statt Umbruch und Neusaat = Erhaltung der organischen Bodensubstanz
- keine Ackernutzung auf Moor, vor allem keine Schwarzbrache über Winter, sonst unverantwortlicher Moorschwund

Es muss entschieden werden, wie das Grünland in der Lewitz in Zukunft genutzt wird.

Die Intensivierungsmaßnahmen in der Lewitz waren nie Selbstzweck. Dabei wurden allerdings in den vergangenen 40 Jahren die Grenzen des Standortverträglichen überschritten. Nun gilt es einen Kompromiss zwischen den Interessen des Natur- und Landschaftsschutzes und denen der hier wohnenden Bauern zu finden.

Förderprogramme sind dazu erste Ansatzpunkte. Nur so lässt sich die Kulturlandschaft „Lewitz" erhalten und entwickeln.

Literatur

SIMON, W. (1960): Über die geschichtliche Entwicklung der Bewirtschaftung sandiger Ackerböden. - In: Sandige Ackerböden, Dt.Landw.Verl. Berlin: 103 - 116.

Abb. 66
Typische Bewirtschaftung des Grünlandes heute - Rinderweide

Abb. 67
Nach 1990 hielt auch die Pferdezucht Einzug im Lewitzgebiet

Abb. 68   Bis in die 1950er Jahre wurden die Lewitzwiesen vorwiegend in Handarbeit zur Heugewinnung genutzt

Abb. 69
Poncho, Linienbegründer für die „Lewitzschecke"

126

8. Kleinpferde „Lewitzer"

Wilhelm Simon und Ulrich Scharfenorth

Aus der Idee, den Enkelkindern kleine Pferde als Freunde und Spielkameraden zu schenken, entwickelten sich in 25jähriger beharrlicher und weitblickender Züchtung die „Lewitzer" – anfänglich als „Lewitzsschecke" bezeichnet. Durch ihre große Gelehrsamkeit bei Anforderungen im Spiel, Sport und bei Arbeitsbelastungen, sowie durch ihren elastischen Bewegungsablauf in allen Gangarten eignen sie sich besonders für den Kinder-, Reit- und Fahrsport.

In den 20er und 30er Jahren des 20. Jahrhunderts begann die Motorisierung der Landwirtschaft das Pferd als Zugtier zu verdrängen. Bereits in den 1960er Jahren war diese Entwicklung in den Industrieländern weitgehend abgeschlossen und die Pferdezucht konzentrierte sich mit sehr stark reduzierten Beständen auf den Freizeitbedarf. Auf Grund der veränderten Lebens- und Beschäftigungssituationen in den Dörfern, besonders unter den DDR-Bedingungen der Großraumlandwirtschaft statt bäuerlicher Betriebswirtschaft, ergab sich die Notwendigkeit, der steigenden Zuwendung der Kinder und Jugendlichen zum Pferd und Pferdesport Rechnung zu tragen.

Eine Gruppe aktiver Pferdezüchter des Lewitzgebietes um Ulrich Scharfenorth (letzter Direktor des VEG Lewitz) stellte sich dieser Aufgabe. Unter Nutzung der Schecken-Hengste „Salto B 385" aus Teterow, geb. 1970 und „Poncho B 387" (Abb. 69), geb. 1973, als Linienbegründer und zahlreicher Ponystuten, ebenfalls vorwiegend aus dem Raum Teterow, wurden die „Lewitzer" schließlich 1990 als eigenständige Population bei der „Deutschen Reiterlichen Vereinigung (FN)" registriert. Sie verkörpern die einzige in Deutschland auf Bodenständigkeit fußende Scheckenzucht der Ponyrasse.

Als Zuchtziele wurden u.a. festgelegt:
*   Widerristhöhe = 130-147 cm
    (zum Vergleich: Mecklbg. Warmblut (Großpferd) = 170 - > 175 cm
*   Rumpfhöhe = 102 % von der Widerristhöhe, d.h. ein quadratisches Erscheinungsbild; vergleichsweise erscheinen Warmblut-Großpferde relativ länger als hoch.
*   Leistungsveranlagung: konstitutionsstark, hohes Regenerationsvermögen, anspruchslos, ausgeglichenes Temperament, gutartiger Charakter, hohe Fruchtbarkeit und Gelehrigkeit.
*   Exterieur: u.a. kleiner, trockener, ausdrucksvoller Kopf, mittellange Halsung, Schulterfreiheit, lange etwas geneigte Kruppe.

Etwa 2/3 aller im Zuchtverband Mecklenburg-Vorpommern registrierten Zuchtstuten entsprechen bereits diesem Zuchtziel. Lewitzbesucher können sich zwecks Freizeitgestaltung mit diesen schönen, kinderfreundlichen, gescheckten Kleinpferden vertrauensvoll an die Züchter und Halter wenden.

Literatur

N.N. (1996): 25 Jahre Lewitzscheckenzucht, 1971-1996. - hrsg. Lewitzer Fahr- und Reitverein e.V. Neustadt-Glewe.

SCHWARK, H.-J.: Lewitzer - Monographie einer jungen Pferderasse in Mecklenburg-Vorpommern.

9. Sagen, Trachten, Baudenkmale

Wilhelm Simon und Wiltrud Atzl

Aus der Vielfalt der vorliegenden Sagen und Legenden sind hier solche ausgewählt worden, die unmittelbar auf die Lewitz Bezug nehmen. KARL-ROLF SCHULZ aus Klinken und der Autor haben das so aufgeschrieben, wie sie es als Kinder gehört haben, also „upp plattdütsch":

De witte Fru Waur (Woode): Wenn dat kolt ward in 'n Harfst, denn sticht ut de Leiws (Lewitz) de Näwel upp. Ganz leech ward dat, wenn man dorvon in'n Moor œwerrascht ward, denn gifft dat kein' Weg taurüch. Denn seggen de Lüd, oll witt Fru Waur is de Näwelgeist, de na di grippt. Mal sühst du den' Kopp, denn 'n Arm, denn de liefhaftige Gestalt von dat witte Wiew. Besonners dull drifft sei dat in de Twölften (von Hiligabend bett Dreikönigsdag), wenn de Storm, de wille Jagd, den Näwel utnein jagen ded. Dei argern de Minschen, wo sei't bloßten kœnn. Hier nimmt sei dei Frugens bi de Wäsch dat beste Stück von de Lien weg, dor bräkt sei de Lüd, dei Holt führn, ein Wagenrad intwei un upp noch anner Stell lockt sei den Hirten ein von sien Pierd in'n Sump, dat dat keinein werre rut kriegen kann... Dei Suckower Smitt hett dat sein. In' Brann, dat is'n Deil von't Klinker Holt, hett hei sine Holtkahlen swält. Hei wier morgens grad äben uppstahn un ut siene Holthütt perrt, dunn kem dull ihlig ne olle Fru mit lang witt Hoor vörbi. Sei güng krumm un harr sick noch nich mal kämmt un wuschen.

Gliek hinnerher wir ein Susen un Brusen in de Luft. Dat wier de Wille Jagd. Uppn' witt Pierd kem dunn ne stattliche Fru angeräden. Dat wier de Fru Waur. Sei frögt den Smitt, ob hei nich de witte Fru sein harr. Ja, säd hei, wenn sei ne olle Fru mit lang witt Hoor meinen ded, dei wier vör'n Ogenblick hier vörbi kamen. Wenn sei dei söcht, denn mößt sei dissen Weg lang riedn. Nah'n Ogenblick köm Fru Waur werre trüg. Vör sick up dat Pierd harr sei de witte Fru tau liggen.

Die am tiefsten gelegenen Stellen (in Spornitz), am Lewitzrand, werden auch heute noch Waur oder Woode, am Woodenweg, genannt. Hier steigt immer zuerst der Nebel auf, bis über Augenhöhe ist alles in dichtes, trübes Weiß gehüllt. Kein Wunder, dass besonders Fremde, Kinder und Alte es als sehr gruselig empfanden, dort jemandem urplötzlich zu begegnen bzw. nur deren Kopf zu sehen.

De sœben Stein: Wenn man von Spornitz nach Parchim geht, erkennt man kurz vor der Landwehr, einem bebuschten Grenzwall, ein kleines Gehölz, in dem sechs große Findlinge kreisförmig angeordnet liegen; an anderen Stellen werden sie „germanische Steinkreise" genannt. Un so hebbn wie dat as Kinner beläft:

„Schon vör uns' Schaultied sünd wi dor öfter henströpt.
Oma harr uns de Saag von de sœben Stein ümmer bannig gruselig vertellt, dorüm kem uns dat dor ümmer ok so gruselig bi an. Wieans is dit woll dunnemals wäst?

Sœben Kinner hebben dor de Schaap ut'n Dörp häuden müsst. Wieldes iehr dit tau langwielig würd, hebbn sei denn rümdallert un ok mit Brot spält, sick dorut Murmels maakt, œwer Brot wier doch hielig, dormit dörft doch kein Undœg makt orre gor rümspält wardn.

Dunn kem ein grote olle Mann mit'n lang witten Mantel un bereup de Kinner, sei sulln dit nahlaten, Brot wier doch ümmer knapp un blots taum Äten. Aewer, so as Görn oft sünd,

sei lötn sick nix seggen un spälten wiere mit iehr Brotmurmels. Dunn stünd de grote Mann upp einmal werre dor, dittmal mit'n groten swatten Mantel un'n langen witten Bort. Ein von de Jungs kreg nu Bang un wull weg gahn. Hei harr in sien „tweit Gesicht" seihn, dat de annern Jungs schon so as Stein utsegen. De oll Mann säd tau dissen Jung, hei süll man fix na Hus gahn, hei dörft sick dorbi œwer nich ümkieken.

Na ja, ümkieken un ümdreihn dörft hei sick jo nich, œwer von Dörch-de-Bein-kieken harr de Oll ja nix seggt, un nu bückte hei sick un keek denn dörch de Bein na de annern Jungs hen. Nu seeg hei dat würklich, dat de annern nu all ut Stein wiern un justemang würd hei nu ok'n Stein. So steiht hei hüt noch allein dor, so, as wenn hei sick bückt, woll föfdig Meter von de annern söß weg.

Johre later wull de Wadermöller ut'n Dörp de sœben Stein in't Fundament von siene Mœhl inbugn; œwer nachts würd em nahsten ümmer so grugelich un hei seech, dat ut de Stein Blaud rutkem. Denn hett hei de Stein fix werre an'n Uort bröcht, grad werre so henstellt, as sei vörher stünn' un denn harr hei werre siene Rauh. Nu fött kein ein de Stein werre an, un ward ok ümmer um rüm pläugt, un för de Minschen blifft dit ne Mahnung: „Mit Brot ward nich spält."

Düwelsbackaben/Teufelsbackofen (bei Neu-Ruthenbeck): Das sind Großstein-Gräber oder Hünen-Gräber. Ihre oft viele Tonnen schweren Stein-Deckplatten/Stein-Tische werden Dolmen (aus dem keltischen) genannt (Abb. 2).

Die sich um diese Kultstätten rankenden Sagen sind vielfältig und nur sehr selten „Lewitz-spezifisch".

Im Ergebnis der modernen Kommunikationsmittel sind zwangsläufig die meisten früheren Sitten und Bräuche, die uns Älteren noch aus der Kindheit bekannt sind, innerhalb der letzten 75 Jahre weitgehend verloren gegangen. Mit Erinnerungen vollgestopft könnten sicher viele von uns noch über Osterwaderhaln, Pingstossen un Eiersnurrn, œwer Ornbier/Ausköst (Erntedankfest) snacken, œwer den Danz up de Dähl, doch wer will heute noch hören, was uns an den langen Winterabenden von den Olldeilern (Altenteilern) erzählt wurde? Ehrfurcht gebot uns damals, die Alten mit Sei, Ji un Juch statt mit Du anzusprechen und wir sagten auch meistens Großmudder un Großvadder statt Oma und Opa.

Wer sich als Lewitzbesucher dafür noch interessiert, dem seien das Mecklenburgische Volksmuseum in Schwerin-Mueß und der Pingelhof in Alt Damerow empfohlen. Schade, denke ich (W.S.) manchmal, wenn ich an die früheren, das halbe Dorf umfassenden, mehrtägigen Bauernhochzeiten denke, auch an die heidnischen Bräuche, z.B. dass die letzte Garbe Getreide des Jahres immer für Wodans Pferd (den wilden Reiter) auf dem Felde belassen wurde; das war Aufgabe des Ältesten und ist mir als feierlicher Akt in Erinnerung.

Die Alltagsbekleidung der einfachen Landbevölkerung unterschied sich innerhalb der mecklenburgischen Landschaften nur unwesentlich. Sie war fast ausschließlich aus heimischen Rohstoffen, wie Leinen, Wolle und Leder einfach, für den Alltag schmucklos in grau oder schwarz selbst gefertigt, mit Holz-, Leder-, Horn- oder Knochenknöpfen gehalten, z.B. Worb-Röcke oder -Hosen, auch mehrere Röcke übereinander. Darunter trug man immer leinene oder aus Flachs selbst gesponnene und gewebte relativ grobe Unterwäsche, zumeist nur lange Leinenkleider, für beide Geschlechter gleich. Als Arbeitskleidung wurden teilweise auch aus weichem Leder von verfrüht gestorbenen, danach sehr kurz geschorenen Kälbern oder Fohlen gefertigte Westen und Hosen getragen, anfänglich natürlich als „Sonntagsstaat".

Abb. 70
Bauer und Bauernmädchen aus der Gegend von Schwerin (aus: Lisch, Mecklenburg in Bildern)

Abb. 71
Büdnerei in Plate, Störstraße 27

Abb. 72
Niederdeutsches Hallenhaus, typisches mecklenburgisches Bauernhaus

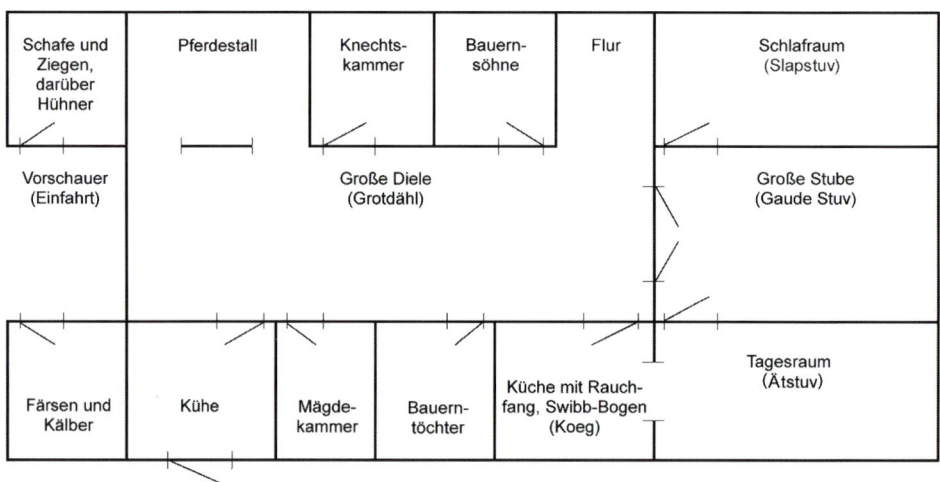

Schafe und Ziegen, darüber Hühner	Pferdestall	Knechts-kammer	Bauern-söhne	Flur	Schlafraum (Slapstuv)
Vorschauer (Einfahrt)	Große Diele (Grotdähl)				Große Stube (Gaude Stuv)
Färsen und Kälber	Kühe	Mägde-kammer	Bauern-töchter	Küche mit Rauch-fang, Swibb-Bogen (Koeg)	Tagesraum (Ätstuv)

Abb. 73
Grundriss eines mecklenburgischen Bauernhauses

132

Im krassen Gegensatz dazu gestalteten sich die zunehmend pompöser werdenden Kleider der Adligen und Fürsten. Kein Wunder, dass sich auch die in den Dörfern besser gestellten Bauern schmuckreiche Festtagskleider, vor allem zu Hochzeiten oder zum sonntäglichen Kirchgang, fertigten. Bis dato werden diese kunstvollen, orttypischen historischen Trachten in einigen Kulturgruppen angefertigt, z.B. in Herzfeld Kreis Parchim, und zu besonderen Anlässen getragen. Aber für die Ausbildung einer alle Bevölkerungsteile umfassenden reichen Volkskunst, wie z.B. im Vogtland, waren die Verhältnisse im Lewitzbereich nicht gegeben. „Die am stärksten verbreitete ländliche Tracht in Mecklenburg war im 19. Jahrhundert die sogenannte „Schweriner Tracht". Sie war gekennzeichnet durch eine durchweg schlichte Gestaltung in vorwiegend dunklen Farben und mit verhältnismäßig bescheidenem Schmuck" (Abb. 70) (aus MECKLENBURGISCHE VOLKSKUNDE, 1988).

In einer Nachricht von 1766 heißt es: „Unter dem Hausgeräthe war wenig, das man ums Geld ankaufen dürfte... Einen Topf und Kessel kaufte man noch wohl, das übrige ward in den Winterabenden verfertigt. Ein Brett mit 4 Füßen war ein Tisch und eine Bank, und ein am Boden in der Stube befestigtes Brett vertrat die Stelle des Schrankes. Anstatt einer Bettstelle diente ein Schragen, Stühle wurden aus Spänen geflochten; ein vierecktes Brett war ein Teller; Löffel zu schneiden war das Werk des Hausvaters; der auch alles Ackergeräthe und Wagenzeug machte; und die Jugend unterwies, Geräthe zu machen und Stricke zu spinnen. Alles war in voller Arbeit, und eben das war das Mittel, dass alle ernährt wurden. Unter solchen äußeren Bedingungen, die für einen Großteil der ländlichen Bevölkerung typisch waren, richteten sich alle Anstrengungen auf die Befriedigung elementarer Lebensbedürfnisse" (aus MECKLEN-BURGISCHE VOLKSKUNDE, 1988).

An dieser Stelle sei vermerkt, dass der Autor noch gelernt hat aus Holz Mulden und Schüsseln, Löffel und Schöpfkellen, Harken und Stiele aller Art, dazu Reisigbesen und Körbe aus eigenem Material selbst herzustellen und natürlich einfache „Musikinstrumente", wie Flöten, Tuten, Düwelsgeigen sowie mehrstimmiges Schlagzeug aus Holz, alten Pflugscharen oder Rohren.

Bemerkenswert sind in der Lewitz auch eine ganze Anzahl von Baudenkmalen. HORST ENDE schreibt 1985 über Baudenkmale, die auch für die Lewitzdörfer typisch sind: „Die bedeutendste Gruppe der Bauernhäuser sind die niederdeutschen Hallenhäuser, eine Hausform, die über mehrere Jahrhunderte hinweg das Bild des mecklenburgischen Dorfes geprägt hat (Abb. 72). In diesen Einheitshäusern waren Wohn- und Wirtschaftsfunktionen unter einem Dach vereinigt. Daneben errichteten vor allem größere Bauern auch spezielle Scheunen und Stallgebäude zur Unterbringung des Erntegutes bzw. der Tiere. ... Für landlose Dorfbewohner, die ihre Arbeitskraft bei den Gutsbesitzern oder Bauern verkaufen mussten, sind Tagelöhnerkaten oder Armenkaten errichtet worden, die auch äußerlich im Ortsbild die soziale Differenzierung der früheren Dorfbewohner verdeutlichten".

Noch stehen rund um die Lewitz solche, oft denkmalgeschützte, großen Bauernhäuser mit Rohrdach und mit einem typischen Grundriss (Abb. 73). Etwa bis zum 18./19. Jahrhundert lebten hier Mensch und Vieh unter einem Dach. Erst danach wurden separate, strohgedeckte Scheunen und Altenteilerkaten errichtet und die Schweine nebst Abort ausgelagert.

Ab dem 18. Jahrhundert wurden auch im Lewitzgebiet Büdnereien eingerichtet, die anfänglich Wohn- und Stallraum unter einem Dach hatten; sie waren der Kosten wegen oft mit Stroh, nicht mit Schilfrohr gedeckt. Die Büdnereien in den Lewitzdörfern besaßen statt der großen Diele meistens Seiteneinfahrten (Abb. 71).

Die Ärmsten in den Lewitzdörfern waren früher die Hirten. Unter einem Dach lebten jeweils die Familien der Kuh-, Schaf- und Schweinehirten. Das „Idyll" Heid'katen (Hüte- oder Hirtenkaten) in Spornitz beherbergte bis 1933 die Nachtwächter. Dies war ein Rauchhaus ohne Schornstein. Auf dem Foto von 1928 (Abb. 74) sieht man folgendes: De Kloendör ist oben halb geöffnet, das Fachwerk ist schon mürbe, der Lehmputz (an den geklehmten Wänden) bröckelt; jede Wohnung hat nur ein kleines Fenster. Nachtwächter Piest steht davor, old un hager, mit Huorn (de Nachtwächtertut) und Stock, de anner, Nachtwächter Zachow, treckt an sien Bammelpiep, de olln Frugens knütten (stricken) mit iehr knorrigen, krummen Finger un meistens mit dicke Fäut in Höltentüffel; all's schient gaut tau Wäg, ok de Katt.

Als Charakteristikum einiger Lewitzdörfer gelten noch immer die aus Raseneisenstein gebauten sogenannten Klump- oder auch Klocksteinhäuser.

Natürlich gehören auch Kirchen zu den betrachtenswerten Baudenkmalen in der Lewitz. In Peckatel, in der Nähe von Plate gelegen, entstand die kleinste Fachwerkkirche Norddeutschlands, erbaut im 18. Jahrhundert. „Das Gebäude ist im Osten dreiseitig geschlossen und besitzt im Westen einen niedrigen, verbretterten Holzturm mit Satteldach" (Abb. 76).

Ebenso interessant ist der kleine Kirchenbau in Goldenstädt. Die Kirche besitzt keinen Turm; für die Glocke wurde vor der Westseite ein hölzerner Stuhl errichtet. Gebaut wurde die Kirche wohl im 15. Jahrhundert aus einer Mischung von Feld- und Backsteinmauerwerk (Abb. 77) (ENDE, 1989).

Wenn es um bemerkenswerte Baudenkmale geht, sollte unbedingt auch auf die Lewitz-Mühle in Banzkow (Abb. 75) und das Jagdschloss Friedrichsmoor hingewiesen werden.

Quellenverzeichnis:

BARTSCH, K. (1978): Sagen, Märchen und Gebräuche aus Mecklenburg. In 2 Bänden. - Hildesheim, New York.

ENDE, H. (1985): Die Denkmale des Kreises Schwerin. - Schwerin: 9.

ENDE, H. (1989): Kirchen in Schwerin und Umgebung. - Berlin: 181, 187.

MECKLENBURGISCHE VOLKSKUNDE (1988). - Rostock: 292, 324.

MECKLENBURG'S VOLKSSAGEN (1998). - Bremen, Rostock.

SCHULZ, K. R. (1957): Mecklenburgische Dorfchronik. - Berlin: 109-110.

Abb. 74
Heid'katen in Spornitz mit den beiden Nachtwächtern und deren Frauen (1928)

Abb. 75   Holländer-Galerie-Mühle (1874-heute) und Bockwindmühle (1760-1919)
in Banzkow (Foto um 1909)

Abb. 76
Kleinste Fachwerkkirche Norddeutschlands in Peckatel

Abb. 77
Kirche in Goldenstädt mit Glockenturm

10. Der Tourismus - Perspektiven für eine sanfte Entwicklung

Ralf Ottmann

Allgemeines

Für viele Städte und Gemeinden in Mecklenburg-Vorpommern ist der Tourismus zu einem wichtigen Wirtschaftsfaktor geworden. Staatlich anerkannte Schutzgebiete, insbesondere die Naturparke und Biosphärenreservate profitieren ebenfalls von diesem Wirtschaftsbereich. Innerhalb dieser „Entwicklungszentren" ist es vorgesehen, Freizeit- und Erholungsaktivitäten dauerhaft zu sichern sowie vorhandene Angebote in vielfältiger, ruhiger und sanfter Form zu entwickeln. Ein wesentlicher Aspekt dieser Zielsetzung ist die landschaftsgebundene Erholung, und das im Einklang mit den ökologischen Erfordernissen. Der Massentourismus darf dazu auch in der Lewitzregion keine Alternative darstellen.

Aussichtspunkte, von denen aus man weite Teile der Niederung überblicken kann, sind: die Banzkower Mühle, der Trammer Molkereiberg und der Hellbuschberg bei Spornitz.

Insgesamt drei Naturschutzgebiete (NSG) mit einer Gesamtfläche von 1.899 ha sind Bestandteile des Landschaftsschutzgebietes (LSG), was den Wert dieses Lebens- und Wirtschaftsraumes für die Natur unterstreicht.

Besonders nach der „Wende" wurde in den Dörfern überall investiert und modernisiert. Reetgedeckte Häuser strahlen in neuem Glanz, und das vorhandene Straßen- und Radwegenetz wurde instandgesetzt bzw. erweitert. Viele fleißige Hände gestalteten Grünflächen wieder neu, pflanzten Bäume sowie Sträucher und restaurierten in unermüdlicher Arbeit alte historische Gebäude und Friedhofsmauern.

Im Randbereich der „Mecklenburger Pußta", wie die Lewitz von Einheimischen liebevoll genannt wird, befinden sich 21 Ortschaften mit gemütlichen Gaststätten, preiswerten Hotels bzw. Pensionen. Die Übernachtungskapazität umfasst z.Z. ca. 1.000 Betten. Mit dem im Schloss Neustadt-Glewe neu eröffneten „Grand Hotel Mercure", dem „Trend-Hotel" und dem Hotel „Lewitzmühle" in Banzkow, dem „Landhotel" in Spornitz, dem „Lindenhotel" in Mirow sowie weiteren hier nicht aufgezählten Hotels und Pensionen stehen im Lewitzgebiet ausreichend Übernachtungsmöglichkeiten zur Verfügung.

Die Wiederaufnahme des Zeltplatzbetriebes am südlichen Uferbereich des Neustädter Sees ist eine Erweiterung des Übernachtungsangebotes. Hier sollen Stellflächen für Wohnwagen und Wohnmobile entstehen. Bei der Errichtung von baulichen Anlagen bzw. Flächenversiegelungen müssen ökologische Gesichtspunkte und Bedenken, z.B. ob die Dimensionierung des Projektes dem tatsächlichen Bedarf entsprechen wird, berücksichtigt werden, damit keine negativen Folgen für das Ökosystem „Neustädter See" entstehen. In diesem Jahr begann die Stadt Neustadt-Glewe mit umfangreichen Sanierungsarbeiten auf dem Gelände des Seebades. Es wurde damit begonnen, das Zentralgebäude wieder herzurichten, die Seebrücke und die

Promenade zu sanieren sowie die Parkplatzkapazität zu verbessern. Für Campingfreunde besteht aber weiterhin die Möglichkeit, genannte Campingeinrichtung zu nutzen, um von diesem Standort aus einen Ausflug in die Lewitz zu unternehmen.

Mögliche Betätigungsfelder für Einheimische und Touristen

Die Anbindung an die Landeshauptstadt Schwerin, die Kreisstadt Parchim und die Lewitzstadt Neustadt-Glewe, die gute Verkehrserschließung sowie der Wasserreichtum der Lewitz sind ideale Voraussetzungen für Erholungs- und Freizeitaktivitäten. Mit gut befahrbaren Wasserstraßen, reichhaltigen Waldarealen und schier unendlich wirkenden Wiesenflächen bietet die Lewitz für Erholungssuchende vielfältige Möglichkeiten für Freizeit und Urlaub:

- Radwandern und Wandern
- Wasserwandern auf der Müritz-Elde-Wasserstraße
- Kutschfahrten und Reiten
- Fachexkursionen mit ornithologischen und kulturellen Hintergrundinformationen
- Wiesenmeisterei mit Lewitzmuseum
- Kulturelle Angebote, Diavorträge

Seit 1997 werden vom LEWITZPROJEKT landschaftsgebundene Führungen angeboten (Internet: http://go.to/lewitz). Diese erfolgen durch erfahrene qualifizierte Führer. Interessierten Besuchern werden nach vorheriger Anmeldung mit dem Reisebus, der Pferdekutsche, dem Motorboot, dem Fahrrad, zu Fuß oder auch im DIA-Vortrag die Tier- und Pflanzenwelt sowie auch die Besonderheiten der Landschaft und der Dörfer anschaulich vorgestellt. Das LEWITZPROJEKT wurde im Dezember 1996 durch den Autor und den Umweltverband GRÜNE LIGA M-V e.V. gegründet. Nach Aufgabe des Projektes durch die GRÜNE LIGA formierte sich 2001 dieses erfolgreiche Naturschutz- und Tourismusprojekt neu und wird unter der Trägerschaft des NABU Mecklenburg-Vorpommern hauptamtlich durch einen langjährigen Mitarbeiter des LEWITZPROJEKTES betreut. Das Büro befindet sich im Hotel Glewe in Neustadt-Glewe.

Mit Hilfe der „Lewitz-Wanderkarte", 1998 erstmalig vom LEWITZPROJEKT herausgegeben und seither ständig aktualisiert, können Sie interessante Wandermöglichkeiten erkunden. Einige dieser Wanderwege wurden durch das Anlegen von Schutzhütten sowie durch das Aufstellen interessanter Infotafeln bereichert. Interessante Wanderwege verlaufen hauptsächlich durch den Nordwesten, durch das Waldgebiet der Lewitz und um den Neustädter See, während Radwege durch das gesamte Lewitzgebiet führen.

Für Reitenthusiasten stehen genügend ausgeschilderte Wege schwerpunktmäßig im Nordwesten zur Verfügung, um die schöne Landschaft hoch zu Ross genießen zu können.

Ein besonderer Anziehungspunkt ist der Sportflugplatz in Neustadt-Glewe. Mit den jährlich stattfindenden Flugtagen, Rundflügen, dem Segelfliegen, Drachen-, Gleitschirm-, Modellflug oder Fallschirmspringen wird ein umfangreiches Programm geboten. Mit seinen Ballonfahrten bietet der Flugplatz in Pinnow ein weiteres attraktives Angebot, um die Lewitz aus der Vogelperspektive erleben zu können.

Museen in Schwerin, Parchim und Neustadt-Glewe bieten ausreichend Informationen über kulturhistorische sowie geschichtliche Begebenheiten.

Herausragende Ereignisse sind die zahlreichen Feste, z.B. das alljährlich im Juni stattfindende Burgfest, das Pfingstfest in Banzkow sowie das Reitturnier in Sukow. In Blievenstorf, einer Ortschaft nahe Neustadt-Glewe, wird jedes Frühjahr das internationale Fahrturnier der

Zwei- und Vierspänner durchgeführt. Pferdeliebhaber sollten sich diese Veranstaltung auf keinen Fall entgehen lassen.

Im Spätherbst, jeweils am ersten Novemberwochenende, findet alljährlich ein touristischer Höhepunkt statt, das „Abfischen". Für die Lewitzfischer und die Besucher bietet sich dann ein sehenswertes Spektakel. Das Wasser wird aus den Karpfenteichen abgelassen, um dann mehrere tausend Fische „herauszukeschern", die sich auf engstem Raum zusammendrängen. Eine Besonderheit ist auch, dass sich jeder Gast gegen einen entsprechenden Unkostenbeitrag seinen eigenen Fisch aussuchen und mit nach Hause nehmen darf (Abb. 57).

Sehenswürdigkeiten und Besonderheiten

Die Stadt Neustadt-Glewe wird am 27. September 1248 als apud Novam Civitatem (lat. nahe der neuen Ansiedlung) und wenig später (1253) als Nova Civitas Chlewe erstmalig urkundlich erwähnt. Die frühe Verleihung des Stadt- und Siegelrechtes an Neustadt-Glewe deutete darauf hin, dass die Stadt im Mittelalter eine besondere Bedeutung in der Grafschaft Schwerin hatte. Bereits im 15. Jahrhundert begann die erste industrielle Entwicklung der Stadt mit der Verhüttung von Raseneisenerz, dem Einsatz eines Blechhammers, dem Bau einer Pulver-, Öl- und Kornmühle und wenig später auch einer Papiermühle. (Alle diese Mühlen wurden durch Wasserkraft angetrieben.) Daher gilt Neustadt-Glewe als die älteste Industriestadt Mecklenburgs.

1728 verwüstete der zweite große Stadtbrand den größten Teil der Stadt und ihre Industrie. Neustadt-Glewe wurde somit zu einem bedeutungslosen Landstädtchen. 1879/1880 leitete der Bau der Eisenbahnlinie Ludwigslust - Neustadt-Glewe - Parchim einen erneuten wirtschaftlichen Aufschwung ein. Zu Beginn des 20. Jahrhunderts begann eine bedeutende industrielle Weiterentwicklung (z.B. mit der Errichtung des Lederwerkes), die mit einem imposanten Ausbau der städtischen Infrastruktur verbunden war. Von 1900-1938 stieg die Bevölkerungszahl von 2.746 auf 4.415 Einwohner. Heute hat sich Neustadt-Glewe mit seinen fast 8.000 Einwohnern zu einer beachtenswerten Kleinstadt entwickelt, die ihren nahezu geschlossenen Stadtkern mit dessen zahlreichen Sehenswürdigkeiten erhalten konnte.

Die Burg (Abb. 78): Sie ist die älteste, am besten erhaltene mittelalterliche Wehranlage Mecklenburgs und wurde durch den Grafen von Schwerin (1167-1359) zur militärischen und verwaltungsmäßigen Absicherung seines Herrschaftsbereiches errichtet. Angelegt wurde sie als viereckige geschlossene Anlage auf einem künstlich aufgeschütteten Hügel, der außerdem als Nahabsicherung mit einem Burggraben (von diesem ist heute nur noch ein kleiner Teich übriggeblieben) umgeben wurde. Ins Auge fallen die südliche Schildmauer mit den Wehrgängen und dem wuchtigen Burgturm. Mitten auf dem Burghof befand sich ein Brunnen, der später zugeschüttet wurde. Die nachfolgenden Um- bzw. Anbauten kennzeichnen den Wandel der Burg von einer Wehr- zu einer Wohnanlage. Die zwei integrierten Wohngebäude, das „neue und das alte Haus", vermitteln daher zusammen mit der Ringmauer einen Eindruck mittelalterlicher Wohn-, Wirtschafts- und Wehranlagen.

Im September 1629 wohnte hier für drei Tage Wallenstein, als er im Rahmen einer Inspektion mit seinem Gefolge in der Stadt weilte.

Die Stadt Neustadt-Glewe plante, die umfangreiche Burgrestaurierung 2002 abzuschließen. Dies ist nun leider nicht mehr möglich, da im Januar 2002 ein Teil der Burganlage eingestürzt ist. Trotzdem ist die mittelalterliche Wehranlage weitgehend restauriert worden und enthält unter anderem ein sehenswertes Burgmuseum.

Der 1407 erstmalig erwähnte Kietz ist eine kleine straßenförmige Siedlung mit Häusern, deren Alter sich bis in die Mitte des 18. Jahrhunderts zurückverfolgen läßt. Seine Entstehung ist eng mit der Errichtung der Burg verknüpft, da sich hier Menschen niederließen, die mit ihren Fähigkeiten als Zimmermann, Schmied, Töpfer usw. Dienstleistungen für die Burgherren erbrachten. Nach neuen wissenschaftlichen Erkenntnissen bedeutet die Bezeichnung „Kietz" soviel wie Fischerhütte. Noch bis 1900 lebten die Kietzer vom Fischfang. Außerdem bildete bis 1934 der Kietz eine selbständige Landgemeinde mit eigener Gemeindevertretung und einem Dorfschulzen.

Das Schloss: Zu Beginn des 17. Jahrhunderts entschloß sich Adolf-Friedrich I. zur Errichtung des Neuen Schlosses an der Elde, um den neuen Wohnbedürfnissen gerecht zu werden. 1619 wurde mit der Errichtung im holländischen Renaissancestil begonnen. Seine Vollendung fand das Bauwerk erst 100 Jahre später in der Zeit von 1711 bis 1720 als zweigeschossige Dreiflügelanlage im klassizistischen Stil. Schöpfer dieses Meisterwerkes ist der Baumeister Gherd Evert Piloot. 1997 wurde die Gesamtrestauration des auf einem Pfahlrost aus Eichenholz stehenden Schlosses nebst seinem außergewöhnlichen italienischen Stuckdekor mit großem Erfolg beendet und das Schlosshotel neu eröffnet. Heute besitzt es eine stilvolle Einrichtung, 42 Gästezimmer – fast alle mit Kamin – sowie drei Veranstaltungsräume.

Die Marienkirche: Unweit der alten Burg ließ um 1300 der Graf Gunzlin V. von Schwerin die Sankt Andreas Kapelle errichten und stiftete hier die erste Messe. Die Bezeichnung Marien-Kirche ist 1584 erstmalig erwähnt worden. Im Mittelalter hatte diese Kirche fünf Altäre aufzuweisen, was zu damaliger Zeit einen beachtenswerten Wohlstand kennzeichnete. Während des großen Stadtbrandes wurde auch die Marienkirche 1728 zerstört. Dank des unermüdlichen Aufbauwerkes vieler Kirchenmitglieder und eines vorbildlichen Spendenaufkommens fanden 1736 wieder die ersten Gottesdienste statt. 1771 wurde eine neue Orgel eingebaut. Der Großherzog Friedrich Franz I. schenkte der Neustädter Kirchgemeinde 1833 eine Kopie des berühmten Gemäldes „Die Beweinung Christi" des holländischen Malers Anton van Dyck. Dieses Kunstwerk dient seit 1833 als eindrucksvolles Altarbild. Eine weitere Besonderheit ist die 1587 vom Lübecker Meister Tönnies Evers geschnitzte Kanzel.

Die Wiesenmeisterei in Tuckhude (Abb. 93, 94): Die Siedlung Tuckhude wurde 1333 erstmals als Flurname erwähnt (Tuckhude: tuck=klein und hude=hüten, ein Wortstamm aus dem Plattdeutschen, bedeutet soviel wie kleine Weide). 1862 bekam die Lewitz eine eigenständige Wiesenverwaltung, die z.B. für die Unterhaltung der Gräben, Wege und Brücken zuständig war. Außerdem hatte man die Wasserstände zu beobachten, die Regulierung durch Be- und Entwässerung sowie die Beräumung der Gräben und die Werbung von Heu sicherzustellen. Bis zur Auflösung der Lewitz-Wiesenverwaltung 1934 waren zwei Wiesenmeister in der Lewitz tätig, von denen einer seinen Wohnsitz in der Wiesenmeisterei hatte. Auch danach diente das 1862 errichtete Gebäude der Wiesenmeisterei bis 1994 als Wohnhaus. 1934-1954 erfolgte hier außerdem die Aufteilung und Verpachtung der Lewitzwiesen. Heute befindet sich dieses restaurierte mit Reet gedeckte Gebäude in den Händen eines privaten Bildungsträgers. Familien mit Kindern, Naturinteressierte und sonstige Besucher können sich hier erholen, einen kleinen Imbiss zu sich nehmen oder die hier lebenden Haustiere beobachten.

Das Jagdschloss Friedrichsmoor: Dieses alte Jagdhaus wurde 1705 von Captain Kreuz im Auftrag des Herzogs Friedrich Wilhelm nach schwedischer Bauart errichtet („lauter aufein-

andergelegte Balken, die Fugen mit Moos ausgedichtet und das ganze außenwärts mit eichenen Balken bekleidet und bemalt"). Es liegt 17 km nördlich der damaligen herzoglichen Residenzstadt und heutigen Kreisstadt Ludwigslust. 1791 entschloss sich Herzog Friedrich Franz I., einen Neubau an gleicher Stelle zu errichten. Eine eindrucksvolle barocke Anlage entstand unter der Leitung des Baukonstrukteurs von Seydewitz und kostete die damals stolze Summe von 6.000 Reichstalern. Merkmal dieses Jagdschlosses ist der dreiflüglige Fachwerkbau mit geputzten Backsteinen und Kronendach. Bei den Innenwänden sind oft Lehmziegel verwendet worden. Der hohe Sockelraum ist mit Fichtenzweigen ausgelegt, um eine optimale Feuchtigkeits- und Wärmedämmung zu gewährleisten. Im Ostflügel befindet sich ein etwa 1,20 m tiefer, kleiner Weinkeller. Für den Barockstil ist ebenfalls die strikte Trennung von Wohn- und Küchenbereich typisch. Im linken Seitenflügel waren wahrscheinlich die Bediensteten der Herrschaft untergebracht, während Herzogin und Herzog die beiden Teile des Erdgeschosses im Hauptgebäude bewohnten. In den Zimmern des ausgebauten Dachgeschosses schliefen die Gäste; die niederen Bediensteten nächtigten im Pferdestall. Sehenswert ist im Gartensaal des Jagdschlosses die aus dem Jagdschloss Friedrichsthal bei Schwerin stammende Bildtapete. Die Szenenfolge „Jagd in Compiegne", gedruckt vor 1815 nach Entwürfen von Charles Vernet bei Dufor in Paris, vermittelt einen Eindruck von dem Jagdgeschehen der damaligen Zeit. Die Tapete zierte zunächst die Wand im ehemaligen Jagdschloss in Schwerin-Friedrichsthal, nach dessen Restaurierung 1964 aber gelangte dieses Kunstwerk nach Friedrichsmoor. Zur Zeit ist sie ausgelagert, wird aber nach Abschluss der Rekonstruktionsarbeiten hoffentlich hier wieder zu sehen sein.

Auch das Jagdschloss Friedrichsmoor ist seit kurzem in Privatbesitz. Von Ostern bis Oktober ist an jedem Samstag, Sonntag und Feiertag das Schloss-Cafe von 14:30 bis 18:00 Uhr geöffnet. Die Waldlewitz, in der sich das Jagdschloss befindet, ist ein Lebensraum, der durch seinen reichen Wildbestand und seine interessante Flora und Fauna viele Naturerlebnisse verspricht.

Die Lewitzdörfer - Mit der Landschaft verbunden

Viele Lewitzdörfer konnten trotz Modernisierungsmaßnahmen ihren ursprünglichen Charme bis in unsere Zeit bewahren. Diese Ortschaften liegen vor allem im östlichen sowie westlichen Außenrand des Lewitzgebietes, was wiederum mit den damaligen Lebens- und Arbeitsbedingungen der Einwohner zusammenhängt. Die einzige Ortschaft in der Zentrallewitz ist Friedrichsmoor, die zunehmend als Ausflugsziel von vielen Einheimischen und Touristen genutzt wird.

Brenz (-terra Brenitza - lat. „Ort an einer Niederung gelegen") liegt mit seinem alten und neuen Ortsteil nahe der Lewitzstadt Neustadt-Glewe und erfährt seine Ersterwähnung im Jahre 1230. In jenem Jahr schlossen der Bischof Brunward von Schwerin und die Herzöge Johann und Pribislav von Parchim-Richenberg einen Vertrag über Zehntenzahlungen im Lande Brenz. In der Mitte des Dorfes steht die Brenzer Kirche, die als Backsteinbau im gotischen Stil errichtet wurde. Wahrscheinlich 700 n. Chr. wurde die Brenzer Burg von den Slawen gebaut. Diese Wehranlage ist erstmalig im Jahre 946 urkundlich erwähnt worden und hatte noch im 13. Jahrhundert eine deutsche Besatzung. Der heutige Burgwall liegt 1,5 km nordwestlich des Dorfes auf einem flachen, sandigen „Horst". Von der Bahnstrecke in Richtung Ludwigslust-Parchim aus fällt er dem aufmerksamen Beobachter rechts neben dem Bahndamm als flache, mit Eichen bewachsene Bodenerhöhung auf. Der Ort hat sich zu einem ansehn-

lichen Dorf entwickelt. Somit hatten alle Brenzer guten Grund 1980 den 750. Geburtstag ihres Dorfes zu feiern.

Die Entwicklung von Neu Brenz begann im Jahre 1797, indem sich neue Hofstellen in einem „Neuen Dorf" ansiedelten. Aus dem Staatshandbuch für Mecklenburg des Jahres 1938 ist zu entnehmen, dass in Neu-Brenz 319 Einwohner lebten, es eine Schule, eine Schmiede sowie eine Gastwirtschaft gab. Neu-Brenz ist eng mit seinem Mutterdorf „Alt-Brenz" verwachsen. 1997 feierten alle Brenzer das zweihundertjährige Neu-Brenzer Jubiläum.

Wöbbelin wurde insbesondere durch die Grabstätte des Lützower Jägers und Dichters der Befreiungskriege von 1813 Theodor Körner bekannt. Sie ist würdevoll verbunden mit der Mahn- und Gedenkstätte für die Opfer des KZ-Außenlagers Wöbbelin.

In Wöbbelin sind auch einige aus Raseneisenstein erbaute Häuser zu sehen, die von ihren Besitzern sorgsam erhalten werden. Doch nicht nur Häuser aus Raseneisenstein gibt es hier. Eine hier ansässige Familie baute sich ein japanisches Holzhaus, dass auf Pfählen errichtet worden ist und heute als Praxis für Physiotherarapie genutzt wird.

Spornitz ist mit seinen ca. 1.540 Einwohnern die größte Lewitzgemeinde, zu der auch die Dörfer Dütschow, Steinbeck und Primank gehören. Vom 1. November 1300 stammt die erste urkundliche Erwähnung. Spornitz bot schon zu früheren Zeiten vielen Handwerkern und Händlern eine Heimat und gehörte schon damals zu den größten Bauerndörfern in Mecklenburg. Einrichtungen wie Schule, Kindertagesstätte, VR-Bank, Post, Sparkasse, Bahnhof und nicht zuletzt das Gewerbegebiet zeugen von einer positiven Dorfentwicklung. Zahlreiche Kleinstbetriebe, Gewerbetreibende sowie einige Versorgungsbetriebe bieten bürgerfreundliche Dienstleistungen an. Die Wohnlage bietet vor allem jungen Familien ein kinderfreundliches Umfeld und lässt Spornitz zu einem attraktiven Ort werden.

An der Bundesstraße 191 entstand das neue „Landhotel", ein Haus, in dem sich Jung und Alt wohlfühlen können. Besonders Touristen, aber auch Einheimische wissen die gastliche Atmosphäre und den guten Service des Landhotels zu schätzen. Für Jugendliche und Junggebliebene stellt die „Traumland-Diskothek" eine besondere Adresse dar.

Die Spornitzer Kirche, die „Sieben Sagensteine" und das Gut Steinbeck sind heute Anziehungspunkte für viele Touristen aus nah und fern. Spornitz ist gleichfalls ein Ausgangspunkt für Wanderungen zu den sehenswerten Sonnenbergen (mit 125 m ü NN).

Matzlow - Garwitz sind zwei typische Lewitzdörfer, die 1278 bzw. 1365 ihre erstmalige urkundliche Erwähnung fanden. Sie liegen unweit des bekannten Naturschutzgebietes „Fischteiche in der Lewitz". Außerdem befindet sich Garwitz an der Müritz-Elde-Wasserstraße, die eine Verbindung zwischen der Elbe mit dem Plauer See bzw. der Müritz darstellt.

1894 nahm man in Garwitz unter großer öffentlicher Anteilnahme die Elde-Schleuse in Betrieb. Jährlich werden hier über 5.000 Schleusungen vorgenommen. Im Jahre 2001 erfolgte eine umfassende Rekonstruktion. Die Schleuse soll zukünftig zur Selbstschleusungs-Anlage ausgebaut werden. Das alte nicht mehr benötigte Schleusentor wurde als Wasserbaudenkmal neben der Schleuse zur Besichtigung aufgestellt.

Die Einwohner der Verwaltungseinheit Matzlow - Garwitz schufen sich 1965 ein eigenes Freiluftbad, dass sich zu einem Anziehungspunkt vor allem für Kinder entwickelt hat. Lohnenswert ist auch der Besuch des kleinen Heimatmuseums, dass sich über dem Kindergarten befindet.

Der neue Sportboothafen, das Freibad an der Elde, der Wasserwanderzeltplatz und die gastronomischen Einrichtungen, auch direkt an der Elde, machen Matzlow-Garwitz heute zu

einem anziehenden, tourismusfreundlichen Lewitzort. Wegen seiner günstigen Lage ist Matzlow-Garwitz ein lohnenswerter Ausgangspunkt für Wanderer und Radfahrer sowie für Wasserwanderer. Kutschfahrten können in Matzlow gebucht werden.

Goldenstädt besaß im 14. Jahrhundert die größte Kirche der Gegend. Dank des Einsatzes vieler engagierter Menschen zeigt sich heute das Kirchengebäude wieder in einem ansehnlichen Zustand und ist für einen Besuch unbedingt zu empfehlen (Abb. 77). Goldenstädts Ortsteil Jamel kam unter besonderen Umständen in die Geschichtsbücher: 1730 kämpften ausgerechnet auf dessen Fluren die Truppen des Reiches gegen das Heer des Herzogs Carl Leopold zu Schwerin in einer erbitterten Schlacht.

In Jamel kann man übrigens in der dortigen Gaststätte ausgezeichnet und preiswert essen.

Banzkow (kommt aus dem Slawischen und bedeutet in etwa „Jagdgebiet") war und ist das bedeutendste Dorf der Lewitz. Im Jahr 1300 wurde der Ort erstmals als fürstliche Residenz urkundlich erwähnt. Bis in die erste Hälfte des 19. Jahrhunderts und um 1880, als die Eisenbahn gebaut wurde, hatte Banzkow eine besondere Bedeutung als Störübergangs- und vielbeachtete Frachtstraße. Um 1880 sollen im Laufe eines Tages über 100 Frachtwagen diesen Übergang passiert haben.

1874 entstand die Holländer-Galerie-Mühle in Banzkow (Abb. 75). Noch bis 1958 wurde in der Lewitz-Mühle Getreide gemahlen. Danach erfolgte der Umbau zu einer Gaststätte. 1994 wurde die Mühle einer vollständigen Renovierung unterzogen und um ein modernes gastfreundliches Hotel bereichert. Außerdem entstand ein Jodsole-Schwimmbad plus Außenpool in diesem Gebäudekomplex. Von der bemerkenswerten Mühlengalerie aus bietet sich dem Besucher ein erhöhter Blick über das Lewitzbecken.

Unbedingt zu empfehlen ist ein Besuch des Störtalmuseums, dass sich in den Räumen des Untergeschosses des Banzkower Trend-Hotels befindet.

Banzkow präsentiert sich heute als zunehmend beliebter Wohnort, da viele Schweriner Familien hier ein neues Zuhause gefunden haben. In Mirow, einem Ortsteil von Banzkow, befindet sich eine Ausleihstation für Boote. Mit diesen Booten können Fahrten auf dem Störkanal bzw. auf dem Eldekanal unternommen werden. Viele Vögel, darunter der schillernde Eisvogel, sind vom Boot aus gut zu beobachten.

Plate hatte schon in früherer Zeit einen großen Bekanntheitsgrad, und das sogar bei einem prominenten Geistlichen. Papst Coelestin legte in seiner Urkunde vom 24.10.1191 fest, dass die Einkünfte aus dem Schifffahrtszoll in Plate nach Schwerin fließen sollten, damit Kerzen für das dortige Gotteshaus gekauft werden konnten. Diese urkundlich erwähnte Festlegung war schon sehr skurril und für die damalige Gemeinde ein großes Ärgernis. 1323 wurde die Burg in Plate in einem verbissen geführten Kampf durch den Bischof von Schwerin eingenommen und zerstört. Heinrich von Schwerin musste der Übermacht weichen.

Seit 1888 gibt es die Eisenbahnstrecke, ein spürbarer Gewinn für Plate und dessen Ortsteil Sukow, die eine schnelle Verbindung zwischen Schwerin - Plate - Parchim im Stundentakt ermöglicht. Dank dieser Verbindung kam am Anfang des 20. Jahrhunderts auch der industrielle Fortschritt: eine Kartoffel- und Marmeladenfabrik entstanden. Heute fährt auf dieser Eisenbahnlinie die hochmoderne „Mecklenburg-Bahn", ein privater Verkehrsbetrieb, der auf Pünktlichkeit und ein ausgewogenes Preis-Leistungsverhältnis setzt.

Plate ist mit seinen Ortsteilen Consrade und Peckatel die größte und einwohnerstärkste Ortschaft im Amtsbereich. Der private Radiosender „Antenne MV" hat in Plate seinen Sitz. In ge-

mütlichen Gaststätten können die hungrigen und durstigen Besucher die gutbürgerliche Küche genießen. Anschließend ist eine Wanderung am Störkanal zu empfehlen, die direkt nach Banzkow führt.

Sukow fand seine erste urkundliche Erwähnung im Jahre 1348. Um 1750 wurde ein Haltepunkt an der alten Handelsstraße errichtet.

Pferdesportbegeisterte gründeten 1964 die Sektion Pferdesport. 1976 war ein außergewöhnliches Jahr für Sukow und dessen Bewohner. Die Austragung der 1. DDR-Meisterschaften im Dressur- und Springreiten war Feuertaufe und Auftakt für zahlreiche Wettkämpfe. Veranstaltungen dieser Art finden jedes Jahr statt.

Sukow, das 1998 sein 650-jähriges Bestehen feierte, stellt sich heute als ein reizvolles Dorf dar, welches für viele Menschen ein angenehmes Wohnumfeld zu bieten hat.

Weitere sehenswerte Dörfer sind *Dreenkrögen, Fahrbinde, Rusch, Raduhn und Tramm*, die bestens als Ausgangspunkte für Ausflüge in die Lewitz geeignet sind.

Rad-, Wander- und Reitwege

Die Lewitz birgt sehenswerte Naturschätze, die jedoch sehr sensibel auf Störungen reagieren können. Deshalb lässt sich dieses Niederungsgebiet am besten zu Fuß, mit dem Fahrrad oder auf dem Pferdewagen (Abb. 79) kennenlernen. Auf Sie warten alte Alleen, abwechslungsreiche Waldlebensräume, schier unendliche Wiesenflächen sowie zahlreiche Stand- und Fließgewässer. In fast allen Dörfern laden gemütliche Gaststätten zum Verweilen ein. Ihre Ausflüge werden Sie an ausgewiesenen Naturschutzgebieten vorbeiführen. Bleiben Sie deshalb stets auf den Hauptwegen, von denen Sie die Natur optimal entdecken können.

In der „Mecklenburger Pußta" gibt es zahlreiche gut befestigte Wege, die ideal für Radwanderungen geeignet sind (Abb. 80). Viele Radwege sind markiert, andere können mit der vom LEWITZPROJEKT herausgegebenen Wanderkarte mühelos aufgefunden werden. Ein verkleinerter Ausschnitt der Karte ist auf den Seiten 146 und 147 abgedruckt. Die Wanderwege 1 - 10 sind in der Karte eingezeichnet.

Vorschläge zum Radwandern und Wandern

1. *Radweg/Straße von Neustadt-Glewe - über Neuhof - durch die Lewitz nach Matzlow-Garwitz (geringe Anforderung - ca. 9 km).*
Dieser Radweg führt direkt in die Wiesen-Lewitz. Sie fahren zum Ortsteil Neuhof, biegen am Ortsausgang nach rechts in Richtung „Reißaus" ab und radeln am Waldstück „Kälberstiert" an der sogenannten „Krim" vorbei. Nachdem Sie links abgebogen sind, dann an Wiesen- und Ackerflächen vorbeifahren, erreichen Sie nach etwa vier Kilometern das Lewitzdorf Matzlow-Garwitz.
Ihre Rücktour wählen Sie individuell am besten mit Hilfe der Lewitzwanderkarte.

2. *Radweg/Straße von Neustadt-Glewe - über Neuhof - Kronskamp zum Neustädter See (geringe Anforderung - ca. 8 km)*
Sie radeln durch den Neustädter Ortsteil Neuhof, in dem übrigens fast jedes Jahr ein Weißstorch-Pärchen seine Jungen aufzieht. Etwa 200 m hinter dem Ortsausgangsschild steht beidseitig der Straße von März bis Mai ein flacher, grüner „Krötenschutzzaun", der jedes Jahr von ehrenamtlichen Mitarbeitern des NABU-LEWITZPROJEKTES aufgestellt

Abb. 78
Burg in Neustadt-Glewe

Abb. 79
Kutschfahrten durch die Lewitz

Dummler Damm
Schwarzer Damm
Eschbruch-koppeln
Jamel
L
Goldenstädt
Schwerin
241
Bassewitz
Banzkower Kanal
Goldenstädter Damm
Jamel Damm
Bahlenkolk
Frankenhorster Damm
Im Hau
E
Knust
Hirsch-tanz
Triangel
Hakeisen
forster Damm
Ganshorster Damm
Kundamm
NSG Waldlewitz
Albrechts Damm
Heiligen
Breiter Graben
Twietegraben
Wulfshorster Räumde
Schulschneise
Quitschenhorster Damm
Katthorst
Klinkener Kanal
NSG Fischteic in der Lewi
Karpenteiche
Mittel-schleuse
Drellengraben
FRIEDRICHSMOOR
Zapelsche Brücke
für Kfz gesperrt
Schultenberg
W
Schremm-berg 39,4
Friedrichmoo
Fahrbinder Damm
Möllers Wisch
Im großen Brandholz
Im kleinen Brandholz
Turmgraben
Christianswiese
Alte Elde
Karpfen-teiche
Dü für

Fahr-binde
Schwerin
106
Schwarzer Graben
Torfmoorgraben
Eichdamm
Dreenkrögener Damm
Uhlenhorst
Radewiese
241
Hamburg
ASt. Schwerin
Banzkower Kanal
Krullengraben
AD Schwerin
Hasselhorst
Torfmoorgraben
Rade-
koppel
für Kfz gesperrt
Wildenwischer Brücke
Elde
Eichberg
Langkavel-wiesen
Gemeinwiesen
Lewitz-schleuse
NSG Fisc in der L
Neuhc
Karpfen-teiche

Dreenkrögen
24 E 26
Dwasberg
Friedrichsmoorsche Allee
TUCKHUDER
TUCKHUDE
TANNEN
Wöbbelin
Funkamtsiedlung
Wiesen-meisterei
Ochsenweide
HOHEWISCH
NSG Töpferberg
KRONSKAMP
HOHES FELD
Neuer Kanal
Ludwigsluster
Kanal
Neustädter See
Wasserstraße
NEUHOF
Reißaus
Kälber-stiert
Rauberge
MÜRITZ-ELDE-
Schrumpfgraben
U
Karpfen-teiche

146
Brandenbruch
191
Lewitzbüro
191
ASt. Parchim
NEUSTADT-GLEW
190

Domsüh

Klinker Mühle

Klinkener Kanal

Rusch
Töpferei
Am Silo

Raduhn

Domsühl-
Ausbau

Langer Damm

Pingelhof
Museum

Alt Damerow

Eldedreieck

Hühnerberg

Parchimer
Wiese

Riergrund

Garwitz

MÜRITZ-ELDE-WASSERSTRASSE

Forsthof Malchow

Malc

Spornitzer
Brücke

Elde

Matzlow-Garwitz

Matzlow

Spornitzer
Wiese

Grosse Heide

Damm

I

Schneesgraben

Spornitzer Damm

T

Dütschower Damm

DÜTSCHOWER

HOLZ

Oberbach

Z

Schneesgraben

191

Parc

Schneesgraben

Bf

Spornitz

Schwienhagen

Dütschow

Spreensberg
85,2

Langer Berg
124,8

Splettbach

191

Steinbecker
Busch

Brenzer
Burgwall

Splettbach

Wynde

Alt Brenz

Neu Brenz

Steinbeck

Primank

147

Tobia
10

Abb. 80
Radwanderweg (Birkenweg)

Abb. 81
Wanderschutzhütte in der Waldlewitz

und betreut wird. Die nacht- und dämmerungsaktiven Amphibien werden jeden Morgen aus den Fangeimern genommen und sicher über die Straße gebracht. Bei Interesse können Sie sich an das LEWITZPROJEKT wenden und bei einer solchen Aktion zuschauen, um die heimischen Lurcharten kennenzulernen.

Als nächstes überqueren Sie die Müritz-Elde-Wasserstraße und biegen nach links ab. Vor dem Neustädter Ortsteil Kronskamp führt eine Brücke über den Fluss „Alte Elde". Hier sollten Sie für einen kleinen Moment verweilen, um einen Blick auf den ursprünglichen Flussabschnitt zu werfen. Entsprechend der Jahreszeit können Sie z.B. gelbleuchtende Sumpf-Dotterblumen, anmutig wirkende Sumpf-Schwertlilien oder die hier zahlreich vorkommende Große Teichrose sehen. Nach Ihrer Rast fahren Sie auf der Hauptstraße weiter und kreuzen die Autobahn A 24. Wenn Sie danach links abbiegen, etwa 300 m auf der Straße zurücklegen und in Höhe der Bungalows rechts in den Sandweg einbiegen, gelangen Sie zum beliebten Neustädter Badesee.

3. *Radweg/Straße von Neustadt-Glewe zur Dütschower Brücke und zurück (geringe Anforderungen- ca. 14 km)*
Diese Strecke führt Sie durch die Wiesenlewitz in das Naturschutzgebiet „Fischteiche in der Lewitz", ein von Menschenhand geschaffenes und geschütztes Ökosystem.
Die Dütschower Hochbrücke überquert die Müritz-Elde-Wasserstraße. Für Vogel- und Naturbeobachtungen ist hier 2001 von der Stadt Neustadt-Glewe eine Aussichtsplattform und ein kleiner Rastplatz fertiggestellt worden. Von der Aussichtsplattform haben Sie einen herrlichen Rundblick auf die angrenzenden Fischteiche und Wiesen.
Im Frühjahr und Sommer hört man hier die Männchen der Rotbauchunke rufen, die in einem naheliegenden Kleingewässer ihren Lebensraum haben.
Ihre Rückfahrt können Sie mit Hilfe des nachfolgenden Abschnittes leicht realisieren.

4. *Radweg/Straße Dütschower Brücke - zum Eichberg und durch die Wiesenlewitz - über die Friedrichsmoorsche Allee nach Neustadt-Glewe zurück (geringe Anforderung- ca. 11 km)*
Von der Dütschower Brücke fahren Sie an den Fischteichen vorbei, biegen an der Kreuzung nach links ab und fahren in Richtung Eichberg. Diese Strecke wird von Einheimischen und Touristen sehr gern mit dem Fahrrad befahren. Sie lässt einen entfernten Blick auf die Alte Elde mit den dazugehörigen Wiesenflächen zu. Wenn Sie auf der Straße bleiben und den Eichberg links liegen lassen, überqueren Sie als nächstes auf der „Wildenwischer Brücke" (Abb. 3), die Alte Elde.
Übrigens: die Alte Elde ist ein mäandrierender Tieflandfluss, der im südlichen Lewitzgebiet in einer Gesamtlänge von 12 km verläuft und zukünftig ökologisch aufgewertet werden soll.
Jetzt radeln Sie durch die Wiesenlewitz, bis Sie nach etwa drei Kilometern an eine Straßenkreuzung gelangen. Hier biegen Sie links ab und fahren auf die Friedrichsmoorsche Allee. Hinter der Wiesenmeisterei biegen Sie wieder nach links ab, fahren bis zur nächsten Kreuzung, um dann erneut links einzubiegen. Dabei überqueren Sie die Autobahn A 24 und fahren auf der Hauptstraße bleibend durch den Neustädter Ortsteil Kronskamp.
Dann fahren Sie über die Alte Elde bis zur nächsten Hochbrücke, hier rechts abbiegen über die Müritz-Elde-Wasserstraße, bis Sie nach etwa zwei km den Neustädter Ortsteil Neuhof erreichen. Hier können Sie in der Gaststätte „Lütt Hus" die gutbürgerliche Küche genießen. Auf Ihrer letzten Teilstrecke fahren Sie auf dem „Seenradweg" weiter, überqueren die Autobahn und erreichen nach etwa zwei km Neustadt-Glewe.

5. *Radweg/Straße von Neustadt-Glewe zum Autobahnsee „Dreenkrögen" (geringe Anforderung - ca. 10 km)*

Zuerst fahren Sie auf der Hauptstraße in Richtung Hohewisch, lassen somit den Neustädter See links liegen und radeln dann bis zur Wiesenmeisterei in Tuckhude. Hier an der Kreuzung rechts abbiegen und die Autobahn überqueren, nach etwa 150 m wieder links abfahren und auf der schmalen Straße, die parallel zur Autobahn verläuft, weiter radeln. Nach einer leicht befahrbaren Wegstrecke von ca. zwei km halten Sie sich wieder links, überqueren diesmal die Autobahn 241 und fahren bis zur Straßenkreuzung weiter. Hier müssen Sie wieder links abbiegen. Jetzt noch über die Autobahnbrücke und schon liegt der Autobahnsee „Dreenkrögen" vor Ihnen, der für sein klares und sauberes Wasser bekannt ist. Vergessen Sie deshalb nicht, Taucherbrille und Schnorchel mitzunehmen, denn hier kann man Hechte, Barsche oder verschiedene Weißfischarten fast hautnah beobachten. Ihre Rückreise können Sie individuell wählen. Entweder fahren Sie mit Hilfe Ihrer Lewitzwanderkarte auf dem Dreenkrögener Damm nach Neustadt-Glewe zurück oder wählen eine für Sie interessantere Strecke aus.

6. *Radweg/Straße von Neustadt-Glewe nach Friedrichsmoor und durch die „Teich- und Wiesenlewitz" zurück (erhöhte Anforderungen- ca. 22 km)*

Ihr erstes Ziel ist der Neustädter See, den Sie entweder links- oder rechtsherum umfahren. Als nächstes erreichen Sie in Tuckhude die Wiesenmeisterei. Hier können Sie sich für ihre Weiterfahrt ausruhen und einen kleinen Imbiss zu sich nehmen. Weiter geht es über die Friedrichsmoorsche Allee bis zum zentral gelegenen Friedrichsmoor. Dieser Ortsteil von Neustadt-Glewe ist mit seinem alten Jagdschloss und den angrenzenden Waldflächen ein empfehlenswertes Ausflugsziel. Zurück fahren Sie am besten die Landstraße in Richtung Rusch/Raduhn. Nach etwa drei km biegen Sie rechts ab und fahren in Richtung Spornitzer Hochbrücke. Besonders im Mai kann man von diesem erhöhten Standpunkt aus die gelbblühenden Lewitzwiesen anschauen und einen reizvollen Teil der Teichlewitz fotografieren. Mit etwas Glück sind sogar Fisch- und Seeadler zu sehen.

Nun überqueren Sie die Hochbrücke, durchfahren die Wiesenlewitz bis Sie nach etwa 1,5 km an der Kreuzung rechts einbiegen. Nach etwa zwei km biegen Sie wiederum rechts am Forellenteich ab. Ihre Wegstrecke führt Sie nun an der Spornitzer Großen Wiese entlang, bis Sie die schon öfter erwähnte Dütschower Hochbrücke erreichen. Hier empfiehlt es sich, eine längere Rast einzuplanen, um den einzigartigen Blick über die Teich- und Wiesenlewitz in Ruhe genießen zu können. Weiter geht es über den Elde-Kanal die Straße entlang, die Sie durch die Teichlewitz führt. Bleiben Sie auf dieser Wegstrecke und biegen Sie nach etwa 1,5 km links ab. Nach etwa 800 m müssen Sie erneut links abbiegen. Jetzt fahren Sie in Richtung „Lewitzschleuse"; an dieser vorbei bis zur zwei km entfernten Hochbrücke. Diese überqueren Sie und radeln durch ein Waldstück bis zum Neustädter Ortsteil Neuhof. Im dortigen Gasthaus „Lütt Hus" können Sie sich für Ihre Weiterfahrt stärken. Auf Ihrer Rückfahrt bleiben Sie auf dem Fahrradweg, überqueren die Autobahn und fahren wieder auf dem Radweg, der Sie direkt nach Neustadt-Glewe führt.

7. *Radweg/Straße von Friedrichsmoor nach Tramm und über die Lewitzdörfer wieder zurück (erhöhte Anforderung- ca. 35 km)*

Von Friedrichsmoor aus radeln Sie in Richtung Rusch/Raduhn; vor Rusch links abbiegen und auf der vor Ihnen liegenden Radwanderstrecke weiterfahren. Diese Route führt Sie durch eine abwechslungsreiche Landschaft an Hecken und Baumreihen vorbei. Im Lewitz-

dorf Tramm befinden sich einige gemütliche Dorfgaststätten, in denen Sie für die Rückfahrt ausreichend Energie tanken können. Ihr Rückweg, den Sie mit Hilfe Ihrer Lewitz-
wanderkarte auch selbst wählen können, führt Sie über die Dörfer Göhren, Sukow und
Banzkow. Von Banzkow fahren Sie am Störkanal entlang, bis Sie zum Breiten Graben
gelangen. An diesem Fließgewässer biegen Sie rechts in die alte Eichenallee ab, die direkt
nach Friedrichsmoor führt.

8. *Rundweg von Friedrichsmoor zum Störkanal und wieder nach Friedrichsmoor (Strecke teilweise erhöhte Anforderungen- ca. 10 km)*
Der Sandweg, auf dem Sie fahren, ist einseitig vom „Breiten Graben" begrenzt. Nach etwa
drei Kilometern erreichen Sie den Störkanal, biegen nach rechts ab und radeln dann auf
dem Dammweg am Kanalufer entlang. Auf Ihrer Fahrt gelangen Sie zu einem Gebäude,
dass vom hiesigen Fischereibetrieb genutzt wurde. Am Kanal selbst steht an der sogenannten Mittelschleuse die Ruine des Wohnhauses, in welcher einer der zwei Wiesenmeister der Lewitz wohnte. Hier liegt auch eine kleine, unter Naturschutz stehende
Teichgruppe. Hinter dieser Teichfläche beginnt ein Radweg, der etwas steinig ist und an
der Landstraße Rusch-Friedrichsmoor endet. Jetzt halten Sie sich rechts, fahren dann
ca. zwei km auf diesem Straßenabschnitt bis zur nächsten Kreuzung (Ortsschild
Friedrichsmoor). An der biegen Sie rechts ein und gelangen so zu Ihrem Ausgangspunkt.

9. *Radweg/Sandweg/Straße von Schwerin-Mueß- über die Lewitzdörfer entlang des Störkanals
durch die Waldlewitz - nach Friedrichsmoor. Zurück fahren Sie am besten über die Lewitz-
dörfer, bis Sie wieder Schwerin-Mueß erreichen (Strecke sehr hohe Anforderungen- ca. 40 km)*
Vom idyllisch gelegenen Schwerin-Mueß, mit dem Freilichtmuseum, das am Südufer des
Schweriner Sees liegt, fahren Sie über Consrade nach Plate.
Hier, am Westrand der Lewitz, stehen alte Bauernhäuser, und es laden gemütliche Gast-
stätten ein. Auf dem neuerbauten Radweg geht es dann nach Banzkow weiter. Dort radeln
Sie am Mühlengraben entlang und treffen auf die bekannte Störwasserstraße, auf der
Wassersportler bis in den Schweriner See fahren können. Am Störkanal rechts abbiegend
gelangen Sie nach ca. fünf km an die sogenannte Kreuzschleuse und biegen in die alte
Eichenallee rechts ein, die bis nach Friedrichsmoor führt. Diese Radwanderstrecke ist teil-
weise etwas uneben aber landschaftlich sehr reizvoll. Sie verläuft durch ein wertvolles
Waldareal, in dem man ganzjährig eine mannigfaltige Tierwelt erleben kann. Verschiedene
Vogelarten wie z.B. Pirol, Schwarzspecht sowie die Laubsängerarten sind hier zu hören.
Die nächsten Ziele unserer kleinen Reise sind die Lewitzdörfer Goldenstädt und Mirow.
Auf den Lewitzwiesen, die östlich von Mirow liegen, stehen noch zahlreiche alte Silber-
weiden und Stieleichen, die in so einer Dichte nur noch an sehr wenigen Standorten in der
Wiesenlewitz vorkommen. Es bleibt nur zu hoffen, dass auch diese vor Schäden durch eine
unsachgemäße Weidehaltung bewahrt werden und es zu keinen weiteren Verlusten mehr
kommt. Weiter radeln Sie wieder auf dem Radweg nach Banzkow. Von dort gelangen Sie
über Plate und Peckatel mit der kleinsten Dorfkirche Norddeutschlands (Abb. 76) in
Richtung Raben-Steinfeld, bis Sie wieder auf der Mueßer Dorfstraße angelangt sind.

10. *Radweg von Goldenstädt - über Jamel - nach Friedrichsmoor (geringe Anforderungen - ca. 7 km)*
Das erste Ziel ist der kleine Ort Jamel. Hier können sie die Gaststätte „Lewitzborn" besuchen. Nach einer kleinen Rast führt Sie Ihr Weg an der Revierförsterei Friedrichsmoor
vorbei. Sie überqueren den Banzkower Kanal und fahren auf dem Sandweg weiter. Nach

etwa einem Kilometer beginnt ein ausgedehntes Waldstück. Sie gelangen nun an eine Weggabelung, an der Sie rechts einbiegen und dann auf dem „Frankenhorster Damm" weiterfahren. Eine Begegnung mit Wild ist nicht ausgeschlossen. Deshalb sollten Sie stets ein Fernglas mit sich führen. Nach ca. zwei Kilometern treffen Sie auf einen anderen Hauptweg. Hier halten Sie sich wieder rechts und fahren bis zur nächsten Wegkreuzung. Jetzt biegen Sie links ab, radeln auf dem Goldenstädter Damm entlang und erreichen nach etwa einem Kilometer das Jagdschloss Friedrichsmoor.

11. *Radweg (Rundweg) von Garwitz - über Alt Damerow - Malchow und nach Garwitz zurück (geringe Anforderungen - ca. 9 km)*
Ein interessanter Radwanderweg führt Sie von Garwitz aus zunächst auf einer Sandstraße durch den Wald nach Alt Damerow (ca. drei km). Hier sollten Sie die eingeplante Rast mit einem Besuch des Pingelhofes mit dem Museum verbinden. Von Alt Damerow fahren Sie wiederum durch ein Waldgebiet nach Malchow (ca. drei km). Von dort führt ein idyllischer Wanderweg am rechten Eldeufer entlang zurück nach Garwitz (ca. drei km). Der Weg endet an der 2001 rekonstruierten Schleuse.

Vorschläge für Wanderer und Radfahrer

1. *Wanderweg um den Neustädter See (geringe Anforderungen- ca. 4,5 km)*
Zahlreiche Laubbäume, die teilweise zu einer Allee gewachsen sind und im Sommer angenehm Schatten spenden, laden den Wanderfreund zu einer interessanten Erkundungstour (ca. 1,5 h) ein. An diesem Rundweg wurden vor einigen Jahren ein kleiner Beobachtungsstand und mehrere Infotafeln errichtet. Leider lassen hier einige Randalierer ihren überschüssigen Kräften freien Lauf, was zu mutwilligen Zerstörungen oder Beschädigungen führte. Genießen Sie trotzdem von diesem Aussichtspunkt einen herrlichen Seeblick und lassen Sie Ihre Seele baumeln. Zahlreiche Vogelarten haben hier ihren Lebensraum und dürften besonders für Ornithologen sehr interessant sein. Ganzjährig halten sich hier regelmäßig Haubentaucher, Blässralle, Höckerschwan und einige Entenarten auf. Im schmalen Röhrrichtgürtel sind der Teich- und Drosselrohrsänger zu hören und die Rohrweihe baut sich an der am dichtesten bewachsenen Stelle ihren Horst. Selbst die scheue Graugans ist wieder als Brutvogel zurückgekehrt. Zwischen Spätherbst und Frühjahr rasten zahlreiche Saat- und Blässgänse, Pfeifenten sowie einige Schellenten auf dem See. Bei zugefrorener Wasseroberfläche landet auch schon einmal der Seeadler, um seine Beute zu verzehren.
Das Landschaftsschutzgebiet Neustädter See stellt ein sehr beliebtes Wander- und Ausflugsziel dar. Noch vor 20 Jahren badeten in diesem ca. 140 ha großen und bis 30 m tiefen trichterförmigen Gewässer täglich bis zu 10.000 Menschen. Dieser Massentourismus war für das Ökosystem keineswegs positiv, da Wasserqualität, Pflanzen, Tiere und letztlich auch der Mensch (das verunreinigte Wasser führte oft zu Hautausschlägen) darunter litten. Heute, nach erfolgter See-Sanierung, hat sich die Wasserqualität deutlich verbessert und macht wieder ein unbeschwertes Badevergnügen möglich.

2. *Rundwanderweg durch die Waldlewitz, Ausgangspunkt und Ende ist Friedrichsmoor (erhöhte Anforderungen - ca. 14 km)*
Hinter dem Jagdschloss führt Sie der Weg zunächst nach links auf den Goldenstädter Damm. Nach etwa einem Kilometer biegen Sie in Richtung Jamel nach rechts ab, um dann nach etwa 100 m wieder nach links auf dem Frankenhorster Damm zu wandern. Auf die-

sem Weg bleiben Sie, bis Sie den Hauptweg, den Jameler Damm, erreichen. Sie halten sich jetzt wieder rechts, bleiben immer auf diesem Waldweg, der nach etwa drei Kilometern am Störkanal endet. Dort angekommen, biegen Sie erneut rechts ab und wandern auf dem Dammweg entlang, der Sie zum schon mehrfach erwähnten Breiten Graben führt. Hier und überall, wo fließendes Wasser Ihren Weg kreuzt, sollten Sie stets ein offenes Auge haben, da oftmals der Eisvogel, einer der farbenprächtigsten Vertreter unserer heimischen Vogelwelt am Kanalufer sitzt, um nach kleinen Fischen Ausschau zu halten.

Dicht am Kanalbett fliegen gebänderte Prachtlibellen und Sie können ebenfalls je nach Jahreszeit verschiedene Schmetterlingsarten, wie z.B. den Admiral oder das Landkärtchen an ihren Futterpflanzen beobachten. Den Breiten Graben erreichen Sie nach etwa zwei Kilometern Fußweg. Hier lässt es sich übrigens wunderbar im Störkanal baden. Das kühle, erfrischende Wasser weckt Ihre Kräfte und macht Sie für die letzte Etappe Ihrer Wanderung so richtig fit. An dieser Stelle nun biegen Sie rechts in die alte Eichenallee ein, auf der Sie nach etwa drei km Fußweg Ihren Ausgangspunkt Friedrichsmoor erreichen.

3. *Rundwanderweg durch die Waldlewitz und an der Wiesen- und Teichlewitz vorbei (erhöhte Anforderungen - ca. 16 km)*

Eine abwechslungsreiche Landschaft können Sie auch auf der folgenden Wanderstrecke erleben. Ausgangspunkt und Ziel ist das Jagdschloss Friedrichsmoor. Zunächst wandern Sie am Breiten Graben entlang, biegen nach ca. 250 m rechts ab und gehen auf dem Quitschenhorster Damm (siehe Wanderkarte) weiter. Nach etwa zwei Kilometern halten Sie sich links und wandern auf diesem Hauptweg bis zur sogenannten Mittelschleuse weiter. An Ihrer Wanderstrecke steht eine alte Eichenreihe. Diese alten Bäume dienen auch dem Turmfalken als Ansitz, der in luftiger Höhe seine Beute ausspäht. An der Mittelschleuse angekommen halten Sie sich wieder links und wandern ca. fünf Kilometer an der Störwasserstraße entlang. Zuerst befinden sich links von Ihnen Fischteiche, die als Naturschutzgebiet ausgewiesen sind und deren Dämme deshalb nicht betreten werden dürfen. Mit etwas Glück können Sie hier auch den Fischadler kreisen sehen. Ebenfalls werden Sie öfter dem Graureiher begegnen und vielleicht auch Bartmeisen bestaunen können. Öfter fliegt sogar der Seeadler vorbei. Nach etwa fünf Kilometer Fußstrecke halten Sie sich links und erreichen den Gaartzer Damm, auf dem Ihre Rückwanderung beginnt. Sie wandern nun durch die Waldlewitz, die sehr wildreich ist und wo zahlreiche Insekten- und verschiedene Sing- und Greifvogelarten vorkommen. Weiter geht es mit neu gewonnenen Eindrücken immer den Hauptweg bis nach Jamel (Wanderkarte). In diesem kleinen Lewitzdorf befindet sich die Gaststätte „Lewitzborn", in der Sie den beliebten Lewitzkarpfen unbedingt probieren sollten.

Nach einer wohlverdienten Rast wandern Sie zur letzten Weggabelung zurück. An der starken Eiche halten Sie sich rechts, wandern auf dem Frankenhorster Damm weiter, bis Sie den Goldenstädter Damm erreichen.

An dieser Wegkreuzung müssen Sie sich links halten. Nach etwa einem Kilometer kommen Sie hoffentlich mit unvergesslichen Naturerlebnissen wieder in Friedrichsmoor an.

4. *Wanderweg von Göhren, durch die Göhrener Tannen zur Störwasserstraße (geringe Anforderung - ca. 6 km)*

Hinter dem Ort Göhren biegen Sie links in Richtung Bahlenhüschen ab und wandern zum historischen Forsthof „Bahlenhüschen". Vom Forsthof aus führt Sie eine interessante mit Infotafeln und Wanderhütten gestaltete Wegstrecke durch ein erholsames Waldareal.

Genießen sie die angenehme Ruhe des Waldes, hören Sie den Spechten zu, vernehmen Sie den Gesang der hier lebenden Laubsänger und sonstigen Vogelarten und wundern Sie sich nicht, dass der Alltagsstress verschwunden ist, denn Sie sind in der Waldlewitz.

Nachdem Sie den Rundweg, der um den Krähenberg herumführt, entlang gegangen sind, erreichen Sie den Hütter Damm. Dieser endet am Störkanal. Zur Orientierung: auf der anderen Seite des Störkanals endet der schon bekannte Wanderweg von Friedrichsmoor, der am Breiten Graben entlang verläuft.

Reitwanderungen

In der Waldlewitz gibt es beschilderte Reitwege, die durch eine abwechslungsreiche Waldlandschaft führen. Hier wird es für Sie bestimmt möglich sein, dem Alltag zu entfliehen und auf Ihrem Pferd eine für Sie neue Landschaft zu erkunden.

Die artenreiche Tier- und Pflanzenwelt, das angenehme Waldklima und die spürbare Stille im Wald werden für Sie zu einem besonderen Reiterlebnis werden.

Bevor sie eine Reitwanderung planen, erkundigen Sie sich bitte nach ausgeschilderten Reitwegen. Genaue Informationen entnehmen Sie der vom LEWITZPROJEKT herausgegebenen „Rad- und Wanderkarte Lewitz" oder informieren Sie sich beim Tourismusverband in Ludwigslust bzw. bei den örtlichen Reiterhöfen.

Wasserwandern

Im südlichen Mecklenburg konnten zahlreiche „Naturperlen" erhalten werden, was sich in 15 ausgewiesenen Naturschutzgebieten manifestiert. Sämtlich geschützte und nicht unter Naturschutz stehende Lebensräume bieten zahlreiche naturnahe Möglichkeiten für Erholung und Freizeit. Abwechslungsreiche Landschaften und dazu eine interessante und artenreiche Tier- und Pflanzenwelt werden Ihnen bei Ihrer Fahrt ständige Begleiter sein. Hier an der Müritz-Elde-Wasserstraße, die auch als „Silbernes Band" bezeichnet wird, finden Sie Ruhe und Entspannung. Dieses kanalisierte Fließgewässer verläuft von Dömitz bis nach Plau in einer Gesamtlänge von 180 km. Der Sportbootverkehr macht den Hauptanteil am Verkehrsaufkommen auf der kanalisierten Stör-Wasserstraße und auf der Müritz-Elde-Wasserstraße aus (Abb. 82).

Links und rechts der Müritz-Elde-Wasserstraße eröffnen sich Ihnen eindrucksvolle Kulturlandschaften. Hier gibt es noch zahlreiche Moore, befinden sich von Menschenhand geschaffene Fischteiche, die für eine mannigfaltige Tierwelt zu einem unverzichtbaren Lebensraum geworden sind, zeigen sich Ihnen rosa blühende Heiden und farbenreiche Laubwälder. Zahlreiche Wildarten streifen durch die Laub- und Nadelwälder, in denen auch der Rothirsch vorkommt. Während der Paarungszeit haben Sie ein wirkliches Hörerlebnis!! Alle Lebensräume, in denen Sie sich aufhalten, reagieren aber auch auf negative Veränderungen und Störungen. Deshalb sollte es für alle Freizeitkapitäne und Naturfreunde selbstverständlich sein, die Hauptwasserstraßen nicht zu verlassen, sämtliche Schilfzonen der Gewässer zu meiden und nur an den dafür vorgesehenen Flächen und Ankerplätzen festzumachen bzw. zu zelten.

Naturschutzgebiete dürfen nicht ohne Genehmigung bzw. sachkundigen Führer betreten und die Schifffahrtswasserstraßen nicht mit einer Geschwindigkeit von über sechs Stundenkilometern befahren werden.

Nehmen Sie sich ruhig die Zeit, um zu Fuß oder mit dem Fahrrad einen Ausflug in die angrenzende Landschaft zu machen. Besuchen Sie die hiesigen Dörfer und Städte und überzeugen Sie sich von der kulturellen Vielfalt des südlichen Mecklenburg.

Sehr gute Liegemöglichkeiten bieten Rast- und Campingeinrichtungen in Banzkow, Neustadt-Glewe und Matzlow-Garwitz. Probleme ergaben sich durch die illegale Rast- und Campingnutzung an der Nordspitze der Friedrichsmoorer Karpfenteiche auf der Insel im sogenannten „Dreiländereck". Der Autor möchte hier darauf hinweisen, dass Naturfreunde, die sich auf dieser Insel nur kurzzeitig aufhalten und umweltbewusst verhalten, auch zukünftig diesen idyllischen Ort aufsuchen können. Alle anderen sind auf diesem Eiland nicht willkommen.

Die Lewitz war und ist ein durch das Wasser geprägter Lebensraum, in dem es ca. 107 km zentrale Wasserläufe, 427 km landwirtschaftliche Vorfluter und 186 km Binnengräben gibt. Diese unterschiedlichen künstlichen Wasserläufe, die vorhandenen 530 Wehre und Staue sowie die 23 Schöpfwerke zeigen sehr deutlich, wie schwerwiegend der Mensch in den Natur- und Wasserhaushalt der Lewitz eingegriffen hat.

Vorschläge für Wasserwanderer

1. *Wasserwandern: Schwerin - Stör - Banzkow*
   Entlang des Störkanals fahren Sie von Schwerin aus durch Plate und durch die modernisierte Klappbrücke. Nächste Station ist Banzkow. Hier befindet sich das neu eingerichtete Störtal-Museum, in dem Sie viel Wissenswertes über Land und Leute erfahren können. Entlang einer abwechslungsreichen Landschaft führt Sie ihre Bootstour durch ein für die Lewitz charakteristisches ausgedehntes Wald-, Wiesen- und Wasserareal.

2. *Wasserwandern: Plau - Lübz - Parchim - Garwitz*
   Ausgehend vom Plauer See beginnt eine weitere Wasserwanderstrecke zur Lewitz. Wieder auf der Müritz-Elde-Wasserstraße führt Sie ihre Reise über Barkow, den Rastplatz Kuppentin sowie zu dem Bootsanleger Bobzin. Die Schleuse Bobzin ist mit ihrem Hub von ca. sieben Metern die höchste Schleuse von Mecklenburg-Vorpommern. Ganz in der Nähe liegen der Passower- und der Weisiner See.
   Anschließend durchfahren Sie die Brauereistadt Lübz, in der das berühmte und wohlschmeckende „Lübzer Pilz" gebraut wird und die Kreisstadt Parchim. Beide Städte haben u.a. zahlreiche Sehenswürdigkeiten, z.B. Museen, klassizistische Bürgerbauten und alte Kirchen zu bieten. Das nächste Etappenziel wird das Lewitzdorf Matzlow-Garwitz sein. Der Ort besitzt seit kurzem einen erweiterten Wasserwanderrastplatz mit einem Hafen, der ausgezeichnete Bedingungen für alle Gäste bietet. Etwa drei Kilometer nordöstlich von Garwitz liegt Alt-Damerow, dass mit seinem Heimatmuseum „Pingelhof" eine touristische Attraktion besitzt.

Viele der notwendig erscheinenden Maßnahmen sind nur erfolgreich zu realisieren, wenn die Lewitz den Rechtsstatus eines Naturparkes bzw. Biosphärenreservates erhält. Durch diesen verbindlichen Schutzstatus wird es auch möglich sein, eine entsprechende Schutzgebietsverwaltung, eine Naturwacht sowie einen Förderverein aufzubauen. Hier stehen die Landesregierung, die beiden Landkreise Ludwigslust und Parchim sowie die Landeshauptstadt Schwerin in der Pflicht.

Ebenso sollten sich auch die Lewitzstadt Neustadt-Glewe sowie die anderen Lewitzgemeinden über die positiven Folgewirkungen eines Naturparkes bzw. Biosphärenreservates im Klaren sein. Erfahrungen aus anderen Schutzgebieten haben gezeigt, dass der Tourismus und somit die regionale Wirtschaft und nicht zuletzt auch der Naturschutz durch diese Schutzgebietserweiterung profitieren. Ganz zu schweigen von den dann zu erwartenden personellen und finanziellen Investitionen.

Nur wenn die hiesigen Landwirte, Naturschützer, Verwaltungen und Gemeinden gemeinsam an den notwendigen Reformprozessen arbeiten, wird es möglich sein, die Lewitz als einen unverzichtbaren Lebens- und Wirtschaftsraum für Mensch, Flora und Fauna zu erhalten.

Literatur/ Quellennachweis

AMT PARCHIM-LAND (Hrsg.) (1996): Infobroschüre: 14-16.

VON ARNSWALDT (1938): Das Naturschutzgebiet „Die Lewitz" in Mecklenburg. - Naturschutz Jg. 20: 126-129.

BAHLKE, W. & KEMNER, R. (1996): Die Lewitz, ihre Entstehung und ihre Nutzung im Laufe der Geschichte: 36-39, 52-62.

BAHLKE, W. (1997): 200 Jahre Neu-Brenz, eine Fest- und Denkschrift von Werner Bahlke: 15, 29, 50.

DAHNKE, W. (1957): Der Neustädter See. - Neue Mecklenburgische Monatshefte, Heft 2.

GRÜNE LIGA (Hrsg.) (1997): Die Lewitz, Fliess- und Standgewässer in einer Kulturlandschaft.

IBS INGENIEURBÜRO SCHWERIN (1997): Gutachten zum Europäischen Vogelschutzgebiet „Lewitz".

JESPER, R. & REICHLING, L (1959): Die Lewitz gestern, heute und morgen.

OTTMANN, R. (1999): Gefährdete Gehölze in der Lewitz-Landkreis Parchim. - Kartierungsarbeit im Auftrag des Staatlichen Amtes für Umwelt und Natur Lübz.

OTTMANN, R. (2000): Gefährdete Gehölze in der Lewitz und an der Alten Elde-Landkreis Ludwigslust. - Kartierungsarbeit im Auftrag des Staatlichen Amtes für Umwelt und Natur Schwerin.

PQS-GMBH (1995): Infoblätter über Sehenswürdigkeiten von Neustadt-Glewe und Umgebung.

STADT NEUSTADT-GLEWE (1995): Tourismuskonzept der Stadt Neustadt-Glewe: 7-11.

WAGNER, M., HABILD, G. & PESCHEL, R. (1991): Konzept über Möglichkeiten einer ökologisch vertretbaren Agrarproduktion unter besonderer Berücksichtigung des Umwelt- und Naturschutzes sowie weiterer Sachbereiche im Lewitzgebiet. - Landwirtschaftsberatung Mecklenburg-Vorpommern GmbH (LMS) (Hrsg.): 15-17.

WASSERWANDERN AUF DER MÜRITZ-ELDE-WASSERSTRASSE (Wasserwanderkarte) (1993): - Hrsg.: Landkreise Ludwigslust, Lübz und Parchim, Fremdenverkehrsregionalverband, Schweriner Land, Westmecklenburg.

Abb. 82
Sportboote bei der Einfahrt in die Lewitzschleuse

Abb. 83
Abendstimmung an den Fischteichen

Abb. 84
Kuhgespann bei Garwitz (1951)

Abb. 85
Dampfschiff in der Schleuse Neustadt-Glewe (um 1915)

11. Lewitz - Erinnerungen

Wilhelm Simon

Die häufigen Fahrten vom Wohnort Schwerin zum Geburtsort Spornitz führen mich immer wieder durch die Lewitz. Sie bleibt ein Stück Heimat; hier werden Eindrücke aus Kindheit und Jugend wach. Der Charakter dieser großen Tiefebene mit ihren ausgedehnten Grünflächen, großflächigen Teichen und massigen Laubwäldern hat sich in den letzten, erlebten 75 Jahren zwar grundlegend gewandelt, geblieben aber ist die beeindruckende Weite und ausstrahlende Freiheit dieser Landschaft. Hier kann ich der städtischen Enge entfliehen und mich zurückversetzen in die zwanziger und dreißiger Jahre.

Zu den ersten Erinnerungen gehören das Mitfahren mit dem Ackerwagen und das Reiten in Vaters Schoß zum Primanken, einem nur 200 m vom Spornitzer Kirchturm entfernten, schon ca. 30 m über dem Lewitzplateau gelegenen Ackerstück, das Dorf zu Füßen und ausschauend, ob Mutters Bettlaken hinter unserem Haus zum Essen ruft. Einen noch besseren Blick hat man vom Hellbuschberg am Godemser Weg. In Richtung West breitet sich vor uns die in der Mitte birnenförmig erweiterte grüne Lewitzsenke aus. In der Ferne lässt sich manchmal mit bloßem Auge die Spitze des Schweriner Doms erkennen, am Horizont begrenzend nunmehr der Fernsehturm.

Besondere Kindheitserlebnisse waren die Ausflüge in die Lewitz mit Kutschwagen, immer Pfingstmontag, denn tags zuvor war obligater Kirchgang. Etwa 20 Familien waren daran beteiligt. Pferde und Wagen waren mit Birkengrün geschmückt, Vater trug seinen festlichen Gehrock. Als Jüngster der Familie saß ich auf Mutters Schoß, Vater als Kutscher immer rechts und mittig auf der Polsterbank meine Schwester, so war es Sitte. Gegen eventuellen Regen schützten Lederplanen auf den Knien, und Schirme wehrten außer Regen auch zu heiße, blendende Sonne ab. Der erste Weg quer durch die Lewitz führte immer zur „Spornitzer Hoogen Kanalbrücke", mit herrlichem Ausblick auf die großen, rechtwinkligen Karpfenteiche. Wenn wir Glück hatten, dann schipperten unter uns Ausflugsboote oder Frachtkähne auf dem Friedrich-Franz-Kanal, die herzlich und lautstark begrüßt wurden, nicht zu vergessen dabei das erste Zuprosten.

Nach kurzer Rast kam dann die Angstfahrt durch den recht holprigen, tiefgründigen Weg zwischen den Karpfenteichen, nur ca. 400 m, bis zur Raduhner Chaussee. Wehe, man blieb im Modder stecken. Man wartete bis das letzte Fahrzeug diese erste gefährliche Hürde überstanden hatte. Ich erinnere mich, dass hier für eine Kutsche die Fahrt wegen Rad- oder Achsbruch endete oder mitsamt den kreischenden Insassen umkippte. Soweit möglich, wurde dann umgeladen und die Kutsche abends mit einem über vier m langen Kiefernstamm, der auf dem Schultenberg eingeschlagen worden war, einseitig schleifend zurück transportiert. Dafür musste das Gespann tagsüber als Ersatz verfügbar sein, denn die Wege in der Lewitz verdienten diese Bezeichnung durchaus nicht immer. Bei Trockenheit malten sich die schmalen, eisenbereiften Kutschenräder tief und schrecklich staubend ein, aber gefürchteter waren die unergründlichen morastigen Löcher, in denen zwei Pferde oft schon ihre Mühe mit der leeren Kutsche hatten.

Für uns Kinder und die jungen Leute waren diese bedenklich schaukelnden Fahrten natürlich ein Gaudi. Im Nachhinein frage ich, ob die unter den Bauern jeweils gewählten

Reiseführer solche Fahrtstrecken nicht provoziert haben. Man amüsierte sich auch darüber, wenn nach langen Sandbahnfahrten einige Kutschen zu quietschen begannen, am Fett hat es dann nicht gelegen, es war nichts mehr dran. Schließlich musste ja anschließend auch der Sieg über solche Tücken gefeiert werden und es bot sich Anlass, dem mitgeführten Proviant zuzusprechen, nämlich Swattbrot, Speck orre Griebensmolt, Wust un Brantwien för de Mannslüd. Männigein Fru hett sick den Sluck ok smecken latn. Likör geef dat nich, dei wier tau düer un tau wappelich. Frauen und Kinder labten sich zumeist an Pannkauken, Platenkauken un Malzkaffee ut de brune Kruk.

Ziel der Kutschfahrten war eines der Lewitzdörfer. Bevor es nach ein paar Stunden Rast heim ging, wurde am Jagdschloss Friedrichsmoor, dem einzigen Ort mitten in der Lewitz, eingekehrt, zum Tränken der Pferde und all derer, die noch immer Durst hatten. Boskopäpfel, die sich immer bis Pfingsten hielten, und Brause waren reichlich vorhanden; ab Mitte der dreißiger Jahre gab es auch schon mal Eis. Der Branntwein musste all werden - kein Problem.

Sicher gab es auch mal Gnatz und Streit, oft ausgelöst durch Missgeschick oder Schusseligkeit der Fahrer, aber meistens herrschte gute Stimmung. Wir waren als Bauern ja auch unter uns, und Fragen von uns, warum dieser oder jener Büdner oder Häusler aus dem Dorf nicht mitfahren durfte, wurden einfach abgetan mit „dummer Bengel, frag so wat nich, dorvon verstehst du noch nix". An solchen Tagen herrschte unter den Bauern Solidarität, der Gemeinschaftssinn war um diese Zeit noch sehr ausgeprägt, besonders wenn jemand wirklich in Not war.

Noch bevor ich zur Schule kam, mussten schon als erste Pflicht morgens die sechs bis acht Kühe zur Grooten Weide in die Lewitz getrieben werden, zu Fuß natürlich, denn so kleine Fahrräder für uns Knirpse gab es damals noch nicht. Die Kühe kannten diesen zwei km Weg; wir mussten nur die Stangen aus den Koppeltoren ziehen und wieder zumachen. Aufregend wurde es, wenn sich mehrere Herden vor den geschlossenen Bahnschranken vermengten und frischgekalbte Färsen ihre Herdenzugehörigkeit noch nicht begriffen hatten. Da gab es schon mal Tränen, wenn dann eine Kuh in einer fremden Koppel landete und sie nun allein nachgetrieben werden musste. Der Hofhund war dann meistens der einzige und beste Tröster.

Um sieben Uhr morgens kam schon der Melkwagen, da mussten die 25 kg schweren Kannen auf dem Melkbock stehen, und das, egal welches Wetter war. Über diese Aufgabe wurde mit uns nicht diskutiert, als es hieß, um acht Uhr beginnt die Schule.

Längere und freudigere Zeiten brachten die Ferien, in denen wir die bereits einmal gemähten, nahen Lewitzwiesen mit den Kühen beweiden mussten. Da kam es dann auch zu der von den Eltern meist ungewollten Verbrüderung der Herden, aber jeder kannte ja seine Kühe mit Namen. Es blieb unsere Einbildung, dass sie darauf hörten. Wir Jungen gingen dann oft zur Jagd auf unsere Weise, das hieß, Nester von Krähen, Elstern, Eichelhähern und Habichten auszunehmen. Diese waren ja als Kückendiebe unsere „natürlichen" Feinde; und die Gefahr der Ausrottung bestand damals noch nicht. Unbezwingbare Bäume gab es nicht, darin lag schließlich unser Ehrgeiz, damit wurde geprahlt, na ja, bei Birken versagten wir schon mal auf halber Höhe. Hosenrisse und blutige Schrammen, auch von den sich heftig wehrenden Jungvögeln im Nest, gehörten mit zu den Beweisen unserer Heldentaten. Die am Lewitzrand meistens solitär stehenden Eichen und Kiefern waren für primitive Baumhütten als Beobachtungsplätze bestens geeignet. Kibitzeier auf den etwas höher gelegenen Sandhorsten zu sammeln, war für uns Mundraub, zum direkten Verbrauch bestimmt, soweit noch frisch, aber das merkte man ja immer erst hinterher.

Angeln in den Kanälen und Bächen mit Weidenruten und an Bindfäden geknüpften, Regenwurm-bestückten, angespitzten Drahthaken, wurde immer bald langweilig. Alles, was

etwa handlang war, kam mit Speck und Salz zum Sofortverzehr, denn niemand zu Hause – außer der Katze – freute sich über unsere zumeist spärliche Beute.

Bereits vor Beendigung unseres dreiklassigen Höltentüffelgymnasiums war es üblich, dass wir Jungen sonntags oder während der Ferien mit zum Mähen in die Kanalkaveln fuhren. Vor Sonnenaufgang waren wir mit Fahrrädern schon dort. Denn solange das Gras noch taufrisch war, „sprach die Sense an". Außerdem, frühmorgens war die Belästigung durch die unzähligen grauen Blindfliegen und großen Pferdebremsen noch einigermaßen erträglich. Für mich war dies körperliche Schinderei. Allein schon das Balancieren mit der immer schwerer werdenden Sense auf dem bültigen Moorboden führte zum bitteren Verfluchen solchen Eigentums.

Diese Wiesenkaveln, direkt am Friedrich-Franz-Kanal, waren etwa fünf Kilometer vom Dorf entfernt, nur drei Morgen (0,75 ha) groß, von schmalen, randvoll mit Weidengebüsch verwucherten Gräben windstill eingehaust, landschaftlich ein Gedicht, landwirtschaftlich nur Qual. Aber wir brauchten dieses grobe Futter als Pferdeheu – und schließlich, Besitz verpflichtete auch. Aus heutiger Sicht ergab dies nur minderwertiges Heu: Schilf, Simsen, Seggen, Rasenschmiele, Binsen, Woll- und Honiggräser dominierten hier.

Das Heu musste mangels Befahrbarkeit der immer nassen Wiesen häufig auf die Wege getragen werden, denn Pferde und eisenbereifte Ackerwagen versanken hier. Wie oft wurde dennoch versucht, den Pferden eigens angefertigte, riemenverzurrte Holzlatschen anzuschnallen, damit sie das auf flache Holzschleppen gepackte Heu herausziehen konnten. Unvergesslich bleiben die angstvollen Blicke der Pferde, wenn sie dennoch bis an den Bauch einsackten und nun still auf unsere Hilfe hofften. Das Herausziehen mit um Brust und Schwanzwurzeln gezerrten Seilen – unter Zuhilfenahme ausgeliehener Pferde – haben wir selber schmerzlich mitempfunden. Manch ein Bauer wurde dabei nervös und bei ungeschicktem Handeln auch verletzt.

Das Lockern und Wenden des Heus in diesen Wiesen bot manchmal besondere Überraschungen, wenn wir, ein paar Meter hoch über uns auf dem Kanal herantuckernd die Aufbauten eines Schiffes wahrnahmen. Besonders, wenn kanalaufwärts ein qualmender Dampfer nahte, dann rannten wir die Kanalböschung hoch. Das gab danach noch lange Gesprächsstoff bei diesem sonst stillen Tun (Abb. 85).

Fröhlich und lustig ging es eigentlich nur in der mehrstündigen Mittagspause zu, wenn sich Jung und Alt unter einem schattigen Baum oder Busch trafen, nach dem einfachen, aber kräftigen Mahl aus Schwarzbrot, Speck, gekochten Eiern, Mettwurst und Milchkaffee auch mal ein Volkslied trällerten oder sich in den Mittagsschlaf singen ließen; die Sonne ließ das Heu auch ohne unsere Mitwirkung trocknen.

Die meisten Wiesen konnten damals schon mit zweispännigen Grasmähern geerntet werden. Dauerweidenutzung für Milchkühe kam wegen des weiten Triebweges zum Dorf meistens nicht in Betracht. Außerdem war der mehrere kilometerweite Transport von zwei vollen Milchkannen am Fahrrad auf schmalen Radwegen wirklich Schinderei.

Das Heuen selbst gehörte mit zu den schönsten Aufgaben, vor allem bei Sonnenwetter war dies in der Heuzeit auch Gelegenheit zur Kommunikation, denn überall waren ganze Familien damit beschäftigt - und den Umgang mit den selbst gebauten, leichten Holzharken waren wir doch, auch als Kinder schon, ohne große Anstrengung gewohnt. Das Aufsetzen der Heuhaufen als Schutz vor Tau oder Einregnen des halbfertigen Heues war allabendlich ein angenehmer Abschluss, zumal sich dabei auch Gelegenheit bot, im wohlig duftendem Heu herumzubalgen.

Das Aufstaken des Heues und das Bepacken der möglichst breiten und hohen Heuwagen erforderte dagegen schon viel Kraft und Geschick. Fehlleistungen hierbei, vor allem bei Sturm

und beim Festbinden des Beesbooms waren oft Anlass für Häme und Nachrede, wenn bei dem Schaukeln auf den schlechten Wegen das Heu wegsackte oder gar die Fuhre umkippte. Jahrelang wurde noch gelästert, weil ein Bauer mit brennender Pfeife auf dem Heuwagen eingeschlafen war und sich beinahe selbst mit abgefackelt hatte.

Wir Spornitzer fuhren oder radelten abends meistens zurück ins Dorf, aber die Kleinbauern aus Groß Godems, Karrenzin, Wulfsahl usw., die hier Wiesen besaßen oder gepachtet hatten, oft auch noch mit Kuhgespannen arbeiteten (Abb. 84), sie scheuten den täglichen Nachhauseweg von zum Teil über 15 km. Sie blieben ein bis zwei Nächte draußen in der Lewitz. Wenn wir spätabends die letzte Heufuhre beladen hatten, dann sahen wir ringsum immer wieder kleine Feuerchen aufflackern und wussten, wer sich hier im Heu oder in kleinen, primitiven, heubeschichteten Laubholzhütten zur kurzen nächtlichen Ruhe begab.

Auch wir benötigten oft zwei Stunden Rückfahrt, denn die lockeren, tiefen Sandtrassen verlangten von Mensch und Tier höchste Anstrengung. Haltepausen führten bei diesen einspurigen Wegen oft zu Ärger mit den nachfolgenden Fahrzeugen, denn ausweichen war riskant oder unmöglich. Erst am Schneesgraben war Platz zum Tränken der Zugtiere und Zeit für ein kurzes Verschnaufen. Bei der inzwischen eingetretenen Dämmerung war es oft unmöglich, in den verschwitzten und total verstaubten Gesichtern den Nachbarn zu erkennen – man kannte sich an den Pferden. Niemand wagte unter den Heuwagen eine Petroleumlaterne zu hängen, obwohl die Vorschrift dies vorsah.

Ein Segen war für uns die Einführung der gummibereiften, stark verlängerten Leiterwagen, auf die sich ab Mitte der 1930er Jahre Schmied August Röpke und Stellmacher Heinrich Langheim spezialisiert hatten. Frisch- bzw. Welkgrassilage war damals bei uns noch weitgehend unbekannt. Und Grünfutter zur Direktverfütterung an Rinder erschien uns damals noch als zu transportaufwendig.

Ein Glück für uns war, dass um diese Zeit die Spornitzer Badeanstalt eröffnet wurde und wir uns hier nach dem Abstaken des Heues während der Futterpause der Pferde köstlich erfrischen konnten. Erst bei völliger Dunkelheit schlichen auch die Frauen aus dem Dorf in allen möglichen und unmöglichen Badekleidern hier her, um mal mit Gejuche unterzutauchen. Wer, außer den jungen Leuten, konnte damals schon schwimmen?

Bis Mitternacht oft hörten wir die kuhbespannten Ackerwagen aus den Lewitzranddörfern den holprigen Flötberg hochklappern, mit willkommener Unterbrechung am Bad. Auf den Heuwagen hörte man es heimlich kichern, was wir schon als Kinder richtig zu deuten wussten.

Die Lewitz ist Teil meines Lebens geblieben; unauslöschliche Erinnerungen sind mit dieser eigenartigen Landschaft verbunden. Die herbe, zugleich reizvolle Schönheit und Weite dieser großen Ebene hat sicher auch unser Denken und Handeln geformt, Freiheit und Heimlichkeit zugleich. So blieb es bis in die Kriegsjahre hinein. Ja, selbst an die mehrtägigen Angelausflüge mit Kaufmann Frehse, Walter Wickborn und Fritz Bergmann zum Schultenkaten (Abb. 1), auf einer Binnenlanddüne mit Kiefern direkt an der Elde gelegen, erinnere ich mich gerne, wenn auch mit Wehmut, weil unsere Kriegsverletzungen unser Leben zwangsläufig erschwert hatten.

Auch wenn heute nach der Melioration dort schwere Traktoren ackern, wo wir einst wegen Vernässung sensen mussten, auch wenn viele Hecken, Knicks und hohe Solitärbäume als Charakteristikum der alten Lewitz verschwunden sind, so erkennt man doch wohltuend das Bemühen, durch neue Alleen und Anpflanzungen die einmalige Schönheit dieser Landschaft zu erhalten und zu regenerieren. Und wer sich in der Lewitz auskennt, weiß um die Refugien und ihre romantische Ursprünglichkeit.

12. Zeitreise

Burkhard Fellner

In Verbindung mit wohl kaum einer anderen Großlandschaft wird das Wort „Wandel" so oft genannt wie mit der Lewitz. Belege allein aus den letzten 200 Jahren zeugen von einer unglaublichen Metamorphose des ehemaligen nacheiszeitlichen Flachwassersees zwischen dem Schweriner See und Neustadt-Glewe: Sumpf-Urwald, Holz- und herzogliche Wildkammer, Heuwiese, Naturschutzgebiet, Milchader, Tourismusregion – so und noch anders wurde und wird oft noch mit dem Zusatz „bedeutend oder einzigartig" die Lewitz charakterisiert. Wie in den vorangegangenen Beiträgen zu lesen war, folgten fast völliger Entwaldung teils Aufforstungen und eine Nutzung der übriggebliebenen Sümpfe als Heuwiesen. Nach Entwässerungsmaßnahmen entstanden Rinder- und Pferdeweiden oder sogar Äcker. Riesige Teichflächen bedecken heute ehemalige Wiesengebiete. Bäche und sogar Flüsse wurden umgeleitet, begradigt oder verschwanden völlig. Aus kleinen Flößgräben wurden große schiffbare Kanäle. Schleusen und Brücken wurden gebaut, modernisiert und teilweise wieder demontiert, aus Knüppeldämmen wurden Straßen. All dies ging stets mit einer gravierenden Veränderung der Flora und Fauna einher.
Auch in der Zukunft wird die Lewitz ihr Gesicht verändern, je nachdem welche Interessengruppe den größten Einfluss geltend machen kann und welche Bedürfnisse am stärksten vorherrschen.

Wer möchte hier nicht wie in einem Science-Fiction-Roman eine Zeitreise unternehmen und die einzelnen Epochen dieser Verwandlung betrachten?
Möglich wird uns dieses teilweise, wenn wir altes Schrift- und Bildmaterial durch unsere Fantasie zu einem Gesamtbild zusammenfügen. Auch eine Zeitreise mit Hilfe eines Cyberspace-Computerprogramms wäre bei genügend eingegebenen Daten realisierbar und sicherlich sehr spannend.

Mit diesem Buch ist bereits ein Anfang unternommen worden, einiges von dem umfangreichen historischen Schrift- und Bildmaterial, welches von der Lewitz reichlich existiert(e), zusammenzutragen. Bei den ausgiebigen Recherchen des Autors für die nun vorliegende zweite Auflage dieses Buches ist mittlerweile soviel Interessantes zusammengekommen, dass es den Rahmen sprengen würde, an dieser Stelle alles unterbringen zu wollen. Deshalb wird darüber nachgedacht eine weitere Publikation zu erstellen, um dem interessierten Leser nichts vorenthalten zu müssen. Ein großer Teil der Bilder stammt aus Archiven von einigen Privatpersonen (siehe Fotonachweis im Anhang), denen an dieser Stelle noch einmal herzlich gedankt werden soll. Alte noch gut erhaltene Fotos sind weiterhin jederzeit willkommen.

Die folgenden Bilder sind vier eindrucksvolle Beispiele aus dem vorhandenen Bestand. Zu jedem Bild gibt es eine eigene Geschichte. Historische Fakten wurden dazu sorgfältig aus alten Aufzeichnungen in verschiedenen Archiven und Museen sowie durch Zeitzeugenbefragungen zusammengetragen. Dadurch konnte auf viele offene Fragen eine Antwort gefunden werden. Zum Beispiel: Wie lange existierte die Gaartzer Brücke über den Störkanal oder welchem Zweck diente die alte Mittelschleuse?

Verblüffende Ansichten ergeben sich durch die Gegenüberstellung von historischen Aufnahmen und Bildern aus heutiger Zeit vom gleichen Aufnahmestandort und mit dem gleichen Aufnahmewinkel wie damals.

Die Fotos, die in 30 bis 50 Jahren von der Lewitz entstehen, zeigen sicherlich wieder viele Veränderungen. Was sie genau abbilden werden, das liegt schon jetzt in unserer Hand. Zu hoffen ist, dass das Besondere und Einmalige der Lewitz auch durch nachfolgende Generationen erlebbar bleibt. Nur eines ist sicher: Die Lewitz wird einzigartig bleiben – wenigstens einzigartig in ihrer Wandlung.

Zu Abbildung 86:

Bäume in der Lewitz
Das älteste bisher gefundene Bilddokument aus der Lewitz ist eine 200 Jahre alte Zeichnung einzigartig gewachsener Bäume und stammt aus dem Landeshauptarchiv Schwerin.

Abb. 86
Bäume in der Lewitz (Zeichnung von 1804)

Der Originaltext neben der Zeichnung lautet:
Nr. 1
Diese sonderbar gewachsene Buche steht auf der Strickers Horst in der Goldenstädter Weidekoppel Friedrichsmoorsche Forst. Der Stamm a scheint der ältere zu sein und hält im Durchschnitt 1 Fuß 8 Zoll Dicke, wird unterstützt von einem Arm, etwa 4 Zoll im Durchschnitt, der zwar aus einer Wurzel gewachsen, aber vom Hauptstamm a ganz separirt ist und mit der sich gebeugt habenden Buche in genauester Verbindung ist. Der Stamm b steht von a 10 Fuß und etliche Zoll ab. An dieser Buche b, die unten am Stamm eine Dicke von 1 Fuß 6 Zoll hat, hat sich in gezeichneter Krümmung die Buche a gelehnet und ist mit b auf einer Höhe von 6 $\frac{1}{2}$ Fuß zusammengewachsen, daß sie 5 Fuß lang nur einen einzigen Stamm bildet. Hinzu teilen sich beide Buchen auf einer Höhe von 10 bis 12 Fuß und lassen einen Stamm von 6 bis 8 Zoll

164

zwischen sich. Hierauf vereinigen sich beide wieder, gehen nun in einem Stamm bis in die Spitze hinauf und formieren gemeinschaftlich Zweige. Die Dicke der Buche a bis b beträgt 1 ½ Fuß im Durchschnitt, wo beide zusammengewachsen, machen sie die Dicke von 1 Fuß 8 Zoll und wo sie beide teilen, halten solche die Dicke von 1 Fuß im Durchschnitt.

Nr. 2
Eine Buche aus einer Wurzel, deren Stamm sich 6 mal geteilt und 6 mal zusammengewachsen steht im Bärenfallmoor, Friedrichsmoorscher Forst.

Nr. 3
Daselbst eine Buche, deren Stamm sich einmal geteilt und wieder zusammengewachsen.

Nr. 4
Eine Eiche, aus deren Wurzel 3 Buchen so dicht gewachsen, daß sie von der Eiche ganz umschlossen sind und oben in den Zweigen wieder zusammengewachsen steht an der Kalthorst, Friedrichsmoorsche Forst.

Nr. 5
Ein auf der Erde liegender Buchenstumpf, 1 ½ Fuß dick so am Ende rund zusammengewachsen und woraus 2 Buchen gewachsen, so etwa 1 Fuß im Durchschnitt dicke sind, stehet auf der Dorfrade.

Gezeichnet im Monat Juni 1804

Abbildungen 87 und 88:

Der Spornitzer Damm
Das Foto von Walter Dahnke (junior) entstand im zeitigen Frühjahr des Jahres 1951 und zeigt den Spornitzer Damm als Sandweg sowie einen Ausschnitt der Wiesenlewitz acht Jahre vor der ersten großen Komplexmelioration (Abb. 87). Links ist ein parallel zum Weg verlaufender kleinerer Entwässerungsgraben zu sehen. Viele Büsche wachsen ungeordnet zu beiden Seiten des Dammes. In gebückter Haltung sieht man den bekannten Parchimer Botaniker und Vater des Fotografen Walter Dahnke (senior) bei seiner Forschungstätigkeit. Die damals noch mit außergewöhnlich vielen seltenen Pflanzenarten ausgestattete Wiesenlewitz war ein bevorzugtes Exkursionsziel des Botanikers, der sich aber auch an der ebenso reichhaltigen Vogelwelt des Extensivgrünlandes erfreute.

Auf der Gegenüberstellung (Abb. 88) erkennt man sofort einige Unterschiede. Das ein halbes Jahrhundert später angefertigte Foto zeigt den verbreiterten und mit einer Asphaltschicht überzogenen Spornitzer Damm als Landstraße. Die Büsche sind verschwunden, an der linken Straßenseite und am Horizont stehen gerade angeordnete Baumreihen, bestehend aus Hybridpappeln. Der Entwässerungsgraben auf der linken Seite ist tiefer und breiter. Die Wiese wurde zu einer intensiv genutzten Rinderweide aus nährstoffreichem Saatgrasland. Die botanischen Besonderheiten und die einzigartige Brutvogelwelt sind längst verschwunden. Geblieben ist die große Weite der endlos erscheinenden Ebene, die gerne von Zugvögeln als Rastplatz aufgesucht wird.

Abbildungen 89 bis 92:

Die Gaartzer Brücke
Am besten dokumentiert ist die sehr interessante Geschichte der Gaartzer Brücke, die über den Störkanal führend die kürzeste Verbindung zwischen Jamel und Bahlenhüschen ermög-

lichte. Im Verlauf des 20. Jahrhunderts änderte sich der Zustand der vier km von Banzkow entfernten Brücke bis zu Ihrem völligen Verschwinden von Generation zu Generation. Durch einen einmaligen Zufall entstanden seit 1914 in Abständen von 40 und 30 Jahren Fotos verschiedener Fotografen von annähernd dem gleichen Aufnahmestandort und mit dem gleichen Blickwinkel. Der Autor fügte dann schließlich die vierte Aufnahme hinzu, so dass alle bisherigen Entwicklungsstadien festgehalten wurden.

Der 1837 fertiggestellte Störkanal (von Banzkow bis zum Eldedreieck) erforderte den Bau mehrerer Brücken, um die wichtigsten der durch ihn unterbrochenen Wege auch weiterhin voll nutzen zu können. Aus Kostengründen entstanden preisgünstige Portalzugbrücken aus Holz, die von den Schiffsleuten vor dem Passieren mit der Hand hochgekurbelt werden mussten. In den Archiven werden die Gaartzer Brücke, die Kreuzbrücke (1945 demontiert) sowie die spätere Hohe Brücke (bis 1912 ebenfalls eine Zugbrücke) erwähnt. Das Foto (Abb. 89) aus dem Archiv des Forstamtes Friedrichsmoor zeigt die Gaartzer Brücke als Holzkonstruktion um 1914.

1931 erfolgte der Umbau zu einer stabileren Eisenkonstruktion. Das Funktionsprinzip war das gleiche wie bei der Holzbrücke. Das Foto von Walter Dahnke (Abb. 90) stammt aus dem Jahr 1952.

Ein russischer Panzer zerstörte noch ca. 30 Jahre nach Kriegsende bei einer Militärübung die inzwischen unter Denkmalschutz stehende Brücke. Das Foto von Fred-Rüdiger Knaak (Abb. 91) zeigt einen Panzer des Warschauer Paktes bei einer Übung 1980 und wurde versteckt vom Boot aus aufgenommen. Hinter der Panzerbrücke (Ponton) sind die übriggebliebenen Brückenwiderlager der zerstörten Gaartzer Brücke zu sehen.

Anfang 1995 wurden durch das Wasser- und Schifffahrtsamt Lauenburg schließlich auch die zerfallenen Brückenwiderlager beseitigt, die inzwischen nur noch ein Abfluss- und Verkehrshindernis für die Bundeswasserstraße darstellten.

Auf dem Foto von 2000 (Abb. 92) sieht man rechts eine Stahlspundwand, welche als Unterlage für Brückenpontons bei den Militärübungen diente. Auf der linken Uferseite befindet sich ein Umschlagplatz des Wasser- und Schifffahrtsamtes für Material zur Befestigung der Wasserstraße (auf dem Foto Pfahlpakete auf einer Schute).

Da das Amt Banzkow den Aufbau der Brücke als Fahrrad- und Fußgängerüberweg plant, ist die Geschichte der Gaartzer Brücke noch nicht zu Ende.

Die Zugbrücke in Plate vermittelt einen Eindruck von der Funktionsweise der einstigen Portalzugbrücken in der Lewitz. Allerdings erfolgt das Hochziehen dieser Brücke nicht mehr durch Muskelkraft, sondern durch einen Elektromotor.

Abbildungen 93 und 94

Die Wiesenmeisterei in Tuckhude
Auf der alten Postkarte (ca. um 1906) ist die Familie des Wiesenmeisters vor der 1862 erbauten Dienstwohnung zu sehen. Auf der links angrenzenden von alten Kastanien, Eichen und Pappeln umsäumten Friedrichsmoorschen Allee kam nur selten ein Fuhrwerk vorbei, so dass man vom Verkehr ungestört auf ihr spazieren, spielen oder am Rand sitzen konnte. Diese Allee verband das Jagdschloss in Friedrichsmoor mit dem 16 km entfernten Schloss in Ludwigslust. Über folgende Besonderheit berichteten FROMM und STRUCK 1866: „Die Allee führt vom Ludwigsluster Schlosse in schnurgerader Richtung nach Friedrichsmoor, so daß man aus den Fenstern jenes Schlosses mittels eines Fernrohres das Jagdschloß zu

Abb. 87
Der Spornitzer Damm kurz hinter der Spornitzer Brücke 1951

Abb. 88
Derselbe Standort wie Abb. 87 im Jahr 2000

Abb. 89
Die Gaartzer Brücke um 1914 als Holzkonstruktion

Abb. 90
Die Gaartzer Brücke 1952 als Eisenkonstruktion

Abb. 91
Panzer des Warschauer Paktes bei einer Militärübung vor der zerstörten Gaartzer Brücke 1980

Abb. 92   Auch die beiden Brückenwiderlager sind verschwunden,
links Pfahlpakete für die Uferbefestigung (2000)

Abb. 93
Die Wiesenmeisterei bei Tuckhude mit der Familie des Wiesenmeisters um 1906

Abb. 94
Die renovierte Wiesenmeisterei 2000

Friedrichsmoor und durch dessen geöffnete Fenster weiter die gerade dahinter gelegene Kreuzschleuse sehen kann." (Insgesamt 18 km freie Sicht) Dieser Blick bot sich noch bis vor 100 Jahren, bis dann neu erbaute Häuser in Ludwigslust, die Autobahn A 24 und Baumbewuchs am Breiten Graben bei Friedrichsmoor diese Sicht einschränkten. (Weitere Erklärungen zu den Aufgaben des Wiesenmeisters bzw. zu der Funktion der Wiesenmeisterei werden im Beitrag Tourismus gegeben.)

Heute sehen wir ein renoviertes Gebäude, welches inzwischen als Pension und Imbissgaststätte umfunktioniert wurde (Abb. 94). Der Verkehr auf der jetzt asphaltierten Friedrichsmoorschen Allee hat stark zugenommen. Die alten Bäume hat man bisher trotz bekannt gewordener weiterer Straßenausbauvorhaben glücklicherweise weitgehend erhalten, so dass die Allee bis heute ihre touristische Attraktivität erhalten hat.

Quellenverzeichnis:

FROMM, L. & STRUCK, C. (1866): Beschreibung des Störbeckens: 229.

LANDESHAUPTARCHIV SCHWERIN: Mecklenburg-Schwerinsches Ministerium des Innern (1849-1945), 5.12-3/1

WAGNER, M. (1993): Führt über die Garzer Brücke bald wieder ein Weg? - Zeitungsartikel aus dem Archiv des Mecklenb. Volkskundemuseums Mueß.

Mündliche Auskünfte von Herrn MAMETSCHKE (Wasser- und Schifffahrtsamt Lauenburg)

Die Übertragung der altdeutschen Schreibschrift neben Abb. 86 in lesbare Druckschrift erfolgte durch WERNER NIEMANN aus Neustadt-Glewe.

Fotonachweis

Abb. 69 Anne Bezdicek

Abb. 43, 44, 45 Udo Binner

Abb. 1, 23, 84, 87, 90 Walter Dahnke

Abb. 18, 78, 80 Uwe Dähn

Abb. 2, 4, 16, 20, 27, 29, 30, 31, 32, 33, 34, 35, 46, 47, 48, 49, 50, 52, 57, 60, 64, 65, 66, 67, 76, 77, 79, 81, 88, 92, 94 Burkhard Fellner

Abb. 74 W. Homuth

Abb. 21 Gerhard Hübner

Abb. 54, 55 Uwe Jueg

Abb. 42, 91 Fred-Rüdiger Knaak

Abb. 22 Heinz Langer

Abb. 38 Aquarell Franz Mischinger

Abb. 3, 19, 82, 83 Ralf Ottmann

Abb. 26, 58 Schlünz, Archiv des Landkreises Ludwigslust

Abb. 62, 63 K. R. Schultz

Abb. 71, 72 nachgezeichnet von W. S.

Abb. 73 Zeichnung von Wilhelm Simon

Abb. 51, 53 W. Thiel

Abb. 5, 6, 7, 8, 9, 10, 11, 12, 13, 14, 15, 17, 28, 36, 37, 39, 40, 41 Horst Zimmermann

Abb. 85, 93 Postkarten, Archiv Gerhard Düker

Abb. 59, 61, 89 Archiv Forstamt Friedrichsmoor

Abb. 24, 68 Archiv Heimatstube Garwitz

Abb. 75 Postkarte, Archiv Störtal e.V. Banzkow

Abb. 86 Landeshauptarchiv Schwerin

Abb. 56 BIMES Schwerin

Abb. 25 Privatbestand Karl-Heinz Möller

Abb. 70 aus Mecklenburgische Volkstrachten Rostock 1983

Karte Seite 146-147: Hrsg.: GRÜNE LIGA M-V e.V./ Lewitzprojektbüro
Kartographische Bearbeitung: GbR Kast, Ing.-büro für Kartographie

Titelfotos:

Luftbild Neuhöfer Teiche (B. Fellner)
Fischadler im Flug (B. Fellner)
Silberweide (R. Ottmann)
Jagdschloss Friedrichsmoor (H. Zimmermann)

Autorenverzeichnis

Atzl, Wiltrud: Flensburger Straße 5, 19057 Schwerin (Dipl.-Phil.)

Binner, Udo: Werner-Seelenbinder-Straße 3, 19059 Schwerin (Dipl.-Ing.)

Deutschmann, Uwe: Feldstraße 5, 19067 Buchholz
(Mitglied des Entomologischen Vereins Mecklenburg e.V.)

Fellner, Burkhard: Zur Kuhdrift 10, 19306 Neustadt-Glewe
(Projektbetreuer NABU-LEWITZPROJEKT)

Jueg, Uwe: Johannes-Gillhoff-Straße 7, 19288 Ludwigslust
(Vorsitzender der naturforschenden Gesellschaft West-Mecklenburg)

Dr. Köhn, Franz: Am See 43, 19065 Pinnow

Lange, Christian: Forstamt Friedrichsmoor, Schloßallee 9, 19306 Friedrichsmoor (Dipl.-Forsting.)

Langer, Heinz †: Laascher-Straße 17, 19306 Neustadt-Glewe

Möller, Claus: Gartenstraße 21, 19370 Parchim

Ottmann, Ralf: Keplerstraße 4, 19306 Neustadt-Glewe

Dr. Piehl, Martin: Gedser Straße 2, 18107 Rostock

Presch, Bernd: StAUN Lübz, PF 36, 19381 Lübz

Scharfenorth, Ulrich: An den Seetannen 2, 19306 Neustadt-Glewe (Dipl. Ldw.)

Prof. em. Dr. habil. Simon, Wilhelm: Zum Schulacker 132, 19061 Schwerin

Thieß, Hans Christian: Peckateler Straße 33, 19065 Raben Steinfeld (Dipl.-Ing.)

Wichmann, Thorsten: Lewitz-Straße 14, 19306 Kronskamp (Dipl.-Fisch.-Ing.)

Dr. Zimmermann, Horst: Edgar-Bennert-Straße 26, 19057 Schwerin

Folgende Publikationen
des NABU-LEWITZPROJEKTES
sind außerdem ab 2003
erhältlich

Rad- und Wanderkarte Lewitz
3. aktualisierte Auflage

Postkarten
mit verschiedenen
Lewitzmotiven

Bezugsadressen

NABU-LEWITZPROJEKT
Lederstraße 6
19306 Neustadt-Glewe
(038757) 5 58 87
E-Mail: nabu-lewitz@t-online.de

Landesgeschäftsstelle NABU M-V
Zum Bahnhof 24
19053 Schwerin
(0385) 7 58 94 81
E-Mail: nabu-mv@t-online.de

Impressum:

Herausgeber:	NABU Mecklenburg-Vorpommern Landesgeschäftsstelle Zum Bahnhof 24 19053 Schwerin Internet: http://www.nabu-mv.de

Redaktion: Burkhard Fellner   Wilhelm Simon
NABU-LEWITZPROJEKT   Zum Schulacker 132
Lederstraße 6   19061 Schwerin
19306 Neustadt-Glewe
Internet: http://go.to/lewitz

Satz & Druck: Turo Print GmbH, Schwerin

ISBN 3-00-010045-8

Diese Publikation konnte mit freundlicher Unterstützung folgender Institutionen realisiert werden:

Norddeutsche Stiftung   Erträge der Umweltlotterie
für Umwelt und Entwicklung

Landkreis Ludwigslust   Ökofonds
Bündnis 90/Die Grünen